Die Aufhebung der Zeit in das Schicksal

D1722062

Wolfram Ette

DIE AUFHEBUNG DER ZEIT IN DAS SCHICKSAL

Zur »Poetik« des Aristoteles

Lukas Verlag

© by Lukas Verlag
Erstausgabe, 1. Auflage 2003
Alle Rechte vorbehalten

Lukas Verlag für Kunst- und Geistesgeschichte
Kollwitzstraße 57
D–10405 Berlin
http://www.lukasverlag.com

Umschlag, Layout und Satz: Verlag
Druck und Bindung: Difo-Druck, Bamberg

Printed in Germany
ISBN 3–931836–99–1

– Abrüstung ist eine Ihrer Lieblingsvokabeln.
– Es betrifft das tragische Geschehen.
– Man muß nach einem GLÜCKLICHEN AUSGANG suchen.

Alexander Kluge

Inhalt

Einleitung

Die »Poetik« des Aristoteles gehört zu den am meisten kommentierten und interpretierten Werken der philosophischen Kunstlehre. Eine der grundsätzlichen Fragen, vor die sie stellt, die aber angesichts der Fülle der Einzelprobleme in den Hintergrund getreten ist, lautet dabei, in welchem Verhältnis der werkästhetische und der wirkungsästhetische Ansatz des Traktats zueinander stehen. In welchem Verhältnis, so wäre zu erläutern, stehen die Formanalyse der Tragödie – also die »Zusammenfügung der Geschehenisse«[1], welche Aristoteles für die richtige hält – und ihre Wirkung – Furcht und Mitleid, sowie ihre wie immer zu bestimmende Transformation in der »Katharsis«?

Prinzipiell sind auf diese Frage zwei Antworten möglich: Handlung und Wirkung der Tragödie können als *Wirkungszusammenhang* und als *Wesenszusammenhang* miteinander verbunden sein. Mit dem ersten Terminus will gemeint sein, daß Handlung und Wirkung nach Art eines zweipoligen Sender-Empfänger-Modells aufeinander bezogen sind. Nach einem solchem Modell träfe eine so und so beschaffene Handlung auf die Psyche empirischer Subjekte und löste dort Wirkungen aus, deren Qualität zu ihrer Ursache in einem letztlich kontingenten Verhältnis steht. Es ist die gewissermaßen haptisch, durch Berührung bestimmte Beziehung von Ursache und Wirkung. Beide werden als in sich abgeschlossene, qualitativ verschiedene Entitäten betrachtet, die an einem bestimmten Ort, zu einer bestimmten Zeit miteinander in Kontakt treten.

Ein Wesenszusammenhang zeichnet sich demgegenüber durch zwei Merkmale aus. Erstens sind seine Relata auch hinsichtlich ihrer Qualität miteinander verbunden. Und zweitens geht er über den Augenblick der ursächlichen Wirksamkeit hinaus und bezeichnet ein dauerhaftes Gefüge. Beide Merkmale sind darauf zurückzuführen, daß die Relata nicht als äußerliche Bezugsgrößen aufeinandertreffen, sondern in einen gemeinsamen Grund hinabreichen. Das hieße: Handlung und Wirkung der Tragödie hängen dadurch miteinander zusammen, daß sie zwei Aspekte oder Erscheinungsweisen ein und desselben Prozeßganzen – ihres gemeinsamen Grundes – darstellen.

Zweifellos ist die erste Antwort die zeitgemäßere; so ist sie auch in der Forschung der letzten zweihundert Jahre die bestimmende gewesen. Sie beruht auf der irreduziblen Zweiheit von Ich und Welt, Subjekt und Objekt, die eine der grundbegrifflichen Voraussetzungen der Neuzeit, insbesondere der Moderne, bildet.[2] Gerade deswegen stellt sich aber die Frage, ob sie auch die Aristoteles angemessene ist. Ein definitive Einschätzung läßt der Text der »Poetik« nicht zu. Es lassen sich aber einige Indizien namhaft machen, die für die Annahme eines Wesenszusammenhanges sprechen. Erstens widerspricht der Dualismus des Sender-Empfänger-Modells dem holistischen Ansatz der Aristotelischen Philosophie, die danach strebt, alles, womit sie es zu tun hat aus einer einzigen Struktur – dem Sein als Bezugszentrum des Prozeßzusammenhangs von *dynamis* und *energeia* – abzuleiten. Zweitens paßt die Privilegierung der Kausalitätsbeziehung schlecht zu ihrer generellen Geringschätzung bei Aristoteles.[3] Drittens wird die Wirkung der Tragödie an einer Stelle der »Poetik« als *dynamis*, an einer anderen als *ergon* bezeichnet[4]; eben die Begriffe, die in der ontologischen Prozeßlehre des Aristoteles eine zentrale Rolle spielen und auf ihr jeweiliges Korrelat wesensmäßig angewiesen sind.

Ein viertes Argument tritt hinzu. Die berühmte Definition der Tragödie, von der alle Besinnung über die Aristotelische Poetik auszugehen hat, stellt ja selber ein Beziehung zwischen Handlung und Wirkung her: eine Beziehung, die zwar nicht sonderlich spezifisch zu sein scheint, aber doch über eine rein ursächliche Verknüpfung hinausdringt. Sie lautet: »Die Tragödie ist Nachahmung einer guten und in sich geschlossenen Handlung von bestimmter Größe, in anziehend geformter Sprache, wobei diese formenden Mittel in den einzelnen Abschnitten je verschieden angewandt werden – Nachahmung von Handelnden und nicht durch Bericht, die durch Mitleid und Furcht eine Reinigung dieser Affekte bewirkt.«[5] ἔστιν οὖν τραγῳδία μίμησις πράξεως σπουδαίας καὶ τελείας μέγεθος ἐχούσης, ἡδυσμένῳ λόγῳ χωρὶς ἑκάστῳ τῶν εἰδῶν ἐν τοῖς μορίοις, δρώντων καὶ οὐ δι' ἀπαγγελίας, δι' ἐλέου καὶ φόβου περαίνουσα τὴν τῶν τοιούτων παθημάτων κάθαρσιν. Das Subjekt des gesamten Satzes ist die *mimesis praxeos*, die ›Nachahmung einer Handlung‹. Es ist die tragische Handlung, die auf der Bühne aufgeführte Handlung, welche sich in den spezifisch tragischen Affekten darstellt und schließlich, wie besser zu übersetzen wäre, in ihrer *katharsis* »ankommt« *(perainousa)*. Was die Affekte im Zusammenhang der »Poetik« bedeuten und in welcher Weise sie bewältigt werden, läßt sich nicht rein phänomenologisch aus ihnen selbst ersehen, sondern allein aus dem Charakter, den Aristoteles der tragischen Handlung zuschreibt. Zugespitzt formuliert: Die Frage, ob Mitleid und Furcht eher mit Hitzewallungen als mit Kälteschüben, eher mit Schüttelfrost als mit Schweißausbrüchen verbunden sind[6], ist verhältnismäßig unerheblich angesichts des Problems, inwiefern in den Affekten die Form selbst sich darstellt und erfüllt; und umgekehrt: inwiefern die tragische Form einen spezifischen Umgang mit den Affekten in ihrer ganzen individuellen und sozialen Bedeutung dokumentiert; – anders gewendet, inwiefern Formprozeß und Affektprozeß als zwei Aspekte eines sie übergreifenden Ganzen einander stützen und explizieren. Aus Gründen, die, wie erwähnt, namentlich mit den Voraussetzungen des neuzeitlichen Weltbegriffs zu tun haben, ist diese Frage seit seiner Konstitutionsphase, also seit den Diskussionen der französischen Klassik und bei Lessing, kaum mehr gestellt, geschweige denn beantwortet worden.

Die tragische Form

Die Tragödie als Lebewesen

Eine späte Stelle aus dem 23. Kapitel des Traktats über die Dichtkunst gibt einen Hinweis darauf, in welcher Richtung wir den Grund des Zusammenhangs von Handlung und Wirkung zu vermuten haben. Es heißt hier vom Epos: »Man muß die Fabeln wie in den Tragödien so zusammenfügen, daß sie dramatisch sind und sich auf eine einzige, ganze und in sich geschlossene Handlung mit Anfang, Mitte und Ende beziehen, damit diese, in ihrer Einheit und Ganzheit einem Lebewesen vergleichbar, das ihr eigentümliche Vergnügen bewirken kann.«[7] δεῖ τοὺς μύθους καθάπερ ἐν ταῖς τραγῳδίαις συνιστάναι δραματικοὺς καὶ περὶ μίαν πρᾶξιν ὅλην καὶ τειλείαν, ἔχουσαν ἀρχὴν καὶ μέσα καὶ τέλος, ἵν' ὥσπερ ζῷον ἓν ὅλον ποιῇ τὴν οἰκείαν ἡδονήν.

Wir haben also auf der einen Seite eine Handlung, die sehr formal durch Einheit, Ganzheit und Abgeschlossenheit charakterisiert ist; auf der anderen Seite steht das »eigentümliche Vergnügen« als Terminus, in dem Aristoteles den Affektprozeß von Mitleid, Furcht und Katharsis zusammenfaßt. Das tertium comparationis ist das »Lebewesen«.[8] Das tragische Vergnügen, die spezifisch tragische Wirkung findet offenbar statt, weil die Form der Tragödie einem Lebewesen zu vergleichen ist. Das Kunstwerk, ein sozusagen künstlich hergestelltes Lebewesen, dessen vielleicht gar nicht einmal so metaphorische Seele die Handlung darstellt[9], wirkt auf die realen Lebewesen ein, die es erfahren. Unter dem Wesenszusammenhang ist nicht so sehr ein Aufeinandereinwirken, sondern eine Art Resonanz verstanden, ein homologes Ineinandergreifen wie das von Seele und Körper, fundiert in dem darin sich manifestierenden Leben.

Was also bedeutet »Leben«? In welcher Weise haben die Tragödie und das organische Lebewesen Einheit und Ganzheit gemeinsam?

Inwiefern wirkt sich diese Gemeinsamkeit im Affektprozeß aus? Um diese Fragen zu beantworten, müssen wir uns für einen Augenblick demjenigen Werk des Aristoteles zuwenden, in dem der Begriff des Lebens untersucht wird. Dies ist die »Physik«. Thema der »Physik« ist Bewegung: Bewegung im weitesten Sinne; das Seiende, sofern es Werden und Vergehen, der Ortsveränderung, Wachsen, Schwinden und dergleichen mehr unterworfen ist. Innerhalb dieses von Aristoteles untersuchten Phänomenfeldes nimmt das lebendige Dasein nun eine Sonderstellung ein. Das läßt sich anhand des Aristotelischen Begriffsgebrauchs nachvollziehen. »Leben« heißt in der Physik meistens *physis*; und die Lebewesen werden summarisch als *onta kata physin* bezeichnet. Zugleich meint *physis* die Natur im Gegensatz zur *techne*, also zur Technik als dem Bereich menschlichen Handelns. Schließlich bedeutet *physis* (analog zur Verwendung des Naturbegriffs im Deutschen) die Natur der Sache, also das Wesen im Gegensatz zur Erscheinung. Faßt man diese Bedeutungen zusammen, so läßt sich daraus folgern: Das lebendige, von Natur aus (als dem Anderen der Technik) Seiende bezeichnet ein Grundwesen prozeßhaft bewegten Seins. Und ein solches Grundwesen prozeßhaft bewegten Seins wird über den Vergleich mit dem Lebewesen auch der Tragödie zugesprochen.

Was das lebendige Seiende von anderen unterscheidet, ist seine Fortpflanzungsfähigkeit. Von diesem naheliegenden Merkmal geht auch die Aristotelische Physik aus. Über weite Strecken ließe sie sich als spekulative Ausdeutung des speziellen Prozeßtyps der Fortpflanzung darstellen. Aristoteles zufolge zeichnet sich der durch zwei – miteinander zusammenhängende – Merkmale aus. Er bedarf zum einen keines Anstoßes von außen; er ist gewissermaßen selbstgenerativ. Und zum anderen vermittelt er auf eine bestimmte Weise Zuständlichkeit und Bewegung. Das lebendige, von Natur aus Seiende, so heißt es zu Beginn des zweiten Buches der Physik, hat die ἀρχὴ κινήσεως καὶ στάσεως, den »Ursprung von Ruhe und Bewegung« in sich selbst.[10] Was heißt das? Es ist ein Ursprung, aus dem Ruhe *und* Bewegung hervorgehen. Der Ursprung der Bewegung ist zugleich Ursprung der

Ruhe. Und als solcher ist er überhaupt *Ursprung.* Es bedeutet, daß der Ursprung nicht einfach Anfang ist, sondern auf das von ihm Ausgelöste übergreift und, indem er sich in dieser Bewegung realisiert, zu sich zurückkehrt.

Martin Heidegger hat diesen Sachverhalt eindringlich formuliert. Die *arche,* so heißt es in dem Text »Vom Wesen und Begriff der Φύσις«, »ist nicht dergleichen wie der Ausgangspunkt eines Stoßes, der dann das Gestoßene wegstößt und sich selbst überläßt, sondern was dergestalt durch die φύσις bestimmt ist, bleibt in seiner Bewegung nicht nur bei sich selbst, sondern es geht, indem es gemäß der Bewegtheit [...] sich entbreitet, gerade in es selbst zurück.«[11] Es läßt sich ohne Schwierigkeiten einsehen, daß die Reproduktion der Lebewesen dieser Struktur folgt. Den Prozeßanfang bildet das erwachsene, fortpflanzungsfähige Lebewesen. Dieses entläßt, indem es sich fortpflanzt, einen Prozeß aus sich, an dessen Ende *(telos)* wiederum es selbst steht. Zwar handelt es sich nicht um dasselbe Exemplar der jeweiligen Tier- oder Pflanzengattung. Anfang und Ende des Prozesses fallen aber generisch zusammen. Damit realisiert sich der Ursprung als ein solcher, der im Ziel in sich zurückgeht. Aristoteles blickt auf die unendliche Generationskette der Lebewesen jeweils als auf eine einzige wesentliche Artgestalt – *eidos* –, die, indem sie sich von sich selbst abstößt, zu sich gelangt: ein lebendig in sich zitternder, vibrierender Zustand, in dem Ruhe und Bewegung zusammenfallen. An einer zentralen Stelle der Physik wird dies so ausgedrückt: »Die *physis,* ausgesagt als Werdeprozeß, ist der Weg hin zur *physis.*«[12] ἡ φύσις ἡ λεγομένη ὡς γένεσις ὁδός ἐστιν εἰς φύσιν. Es ist diese naturwüchsige, ursprungshafte Identität von Prozeßanfang und Prozeßende, welche die Fortpflanzung zum Paradigma der Aristotelischen Prozeßlehre macht. Diese bestimmt alle Veränderung als Realisierung der Form an einem zugrundeliegenden Stoff. Nicht aber verwandelt sich während dieses Vorgangs eine Form A in eine zweite Form B. Im Lichte der *physis* erweist sich vielmehr, daß das A wesentlich ein non-B ist. Via negationis werden Prozeßanfang und Prozeßende miteinander identisch gesetzt. Verbunden sind sie

15

durch die *steresis:* »anwesende Abwesung«[13] des Endes im Anfang, die diesen seiner Eigenständigkeit beraubt und zum Noch-nicht des Endes herabsetzt. Die *physis* lehrt, daß die *steresis* gleichsam das in Tätigkeit gesetzte *eidos* ist[14]; deswegen kann Aristoteles im Anschluß an die zuletzt zitierte Physik-Stelle formulieren: »auch die *steresis* ist in gewissem Sinne Form.«[15] καὶ γὰρ ἡ στέρησις εἶδος πώς ἐστιν.

Die Struktur ›ex anankes‹

Was hat diese Prozeßanalyse nun mit der Tragödie zu tun? Worin liegt der Rechtsgrund für die Übertragung naturprozessualer Abläufe auf Geschehenszusammenhänge, die handelnde Menschen darstellen? Die von der Tragödie geforderten Merkmale von Einheit, Ganzheit und Geschlossenheit sind dem in der Physik dargelegten Prozeßmodell der Fortpflanzung zweifellos zuzuschreiben. In welcher Weise realisieren sie sich aber in der tragischen Handlung?

Am ausführlichsten gibt Aristoteles im siebten Kapitel der Poetik über die Begriffe von Einheit, Ganzheit und Geschlossenheit Auskunft. Damit wird zugleich ein Licht auf ihren Zusammenhang mit der Struktur der *physis* geworfen. Aristoteles definiert zunächst: »Ein Ganzes ist, was Anfang, Mitte und Ende hat«, und fährt dann fort: »Ein Anfang ist, was selbst nicht mit Notwendigkeit nach einem anderen ist, nach dem jedoch ein anderes auf natürliche Weise ist oder entsteht. Ein Ende ist umgekehrt, was selbst auf natürliche Weise nach einem anderen ist, entweder zwangsläufig oder in den meisten Fällen, nach dem aber kein anderes mehr auf diese Weise eintritt. Eine Mitte ist, was sowohl selbst nach einem anderen ist als auch ein anderes nach sich zieht.«[16] ὅλον δέ ἐστιν τὸ ἔχον ἀρχὴν καὶ μέσον καὶ τελευτήν. ἀρχὴ δέ ἐστιν ὃ αὐτὸ μὲν μὴ ἐξ ἀνάγκης μετ᾽ ἄλλο ἐστίν, μετ᾽ ἐκεῖνο δ᾽ ἕτερον πέφυκεν εἶναι ἢ γίνεσθαι· τελευτὴ δὲ τοὐναντίον ὃ αὐτὸ μέν μετ᾽ ἄλλο πέφυκεν εἶναι ἢ ἐξ ἀνάγκης ἢ ὡς ἐπὶ τὸ πολύ, μετὰ δὲ τοῦτο ἄλλο οὐδέν· μέσον δὲ ὃ καὶ αὐτὸ μετ᾽ ἄλλο καὶ μετ᾽ ἐκεῖνο ἕτερον.

Entworfen wird ein Prozeßzusammenhang, dessen Bestandteile ›auf natürliche Weise‹ miteinander zusammenhängen. Zweimal bildet das Wort *pephyken* das Hauptverb, welches den Bezug der Geschehenisse auf Anfang und Ende namhaft macht. Aus ihm ist aber der uns beschäftigende Begriff der *physis* abgeleitet. Die Ganzheit der tragischen Form verdankt sich zum einen ihrer Abgeschlossenheit nach außen – Vorgeschichte und Nachgeschichte spielen für die Konstitution des Handlungszusammenhanges keine Rolle –, und zum anderen ihrer inneren Kohärenz, die durch den angetönten Begriff der *physis* wie durch die Wendungen *ex anangkes* und *epi to poly* näher charakterisiert wird. Die Ereignisse, die auf naürliche Weise aus dem Anfang *(arche)* hervorgehen und aus denen sich das Ende *(teleute)* gleichfalls auf natürliche Weise ergibt, stehen in einem Doppelbezug, der die Ganzheit der Tragödie in jedem Augenblick anschaulich macht.

Auf einen solchen Doppelbezug stößt man auch in den Überlegungen, die Aristoteles in der »Physik« dem Begriff der Notwendigkeit widmet.[17] Mit ihr ist kein kausaler Zusammenhang, sondern eine teleologische Struktur ins Auge gefaßt. Notwendig ist etwas, wenn sein Dasein und seine Eigenschaften von der Beziehung auf einen Zweck bestimmt werden. Daß jemand notwendig naß wird, wenn es regnet, räumt Aristoteles natürlich ein. Aber er hält es für philosophisch unergiebig. Entscheidend ist seiner Ansicht nach die Beziehung *ou heneka*: ›um etwas willen‹. Aristoteles führt das Beispiel einer Säge an, die *ex anankes* aus Eisen sein muß, um die in ihrer Definition, ihrem *logos* liegende Funktion zu erfüllen. »In dem Stoff nämlich liegt das Notwendige, das Worumwillen hingegen in der Definition.«[18] Das Notwendige ist also die vom Begriff der Sache gesetzte Eigenschaft des Stoffes. Auf Prozesse übertragen – das aus Form und Stoff gebildete Seiende verweist in seiner Zusammensetzung auf den Prozeß, aus dem es hervorgegangen ist – bedeutet das: Notwendig ist das an einem Prozeß, das auf das an ihm und durch ihn gesetzte Ziel hinleitet. Und umgekehrt: Das Ziel ergibt sich dann notwendig aus dem Prozeß, wenn es ihn zuvor als Zweck der Herstellung auf seine Verwirklichung hin ausgerichtet hat.

In diesem Falle reicht das Ziel in den Anfang des Prozesses zurück; anders ausgedrückt: es erweist sich selbst als eine Entfaltungsmodalität der *arche*. Daraus ergibt sich die Doppelbeziehung, in der ein Notwendiges steht. Notwendigkeit bezeichnet einen zirkulären Zusammenhang, in dem Anfang und Ende eines Prozesses so auseinander hervorgehen, daß das dazwischen Liegende allein der Realisierung des im Anfang liegenden Endes, des im Ende zu sich gelangenden Anfangs, mithin der Realisierung der *arche* dient. So ist die Beziehung *ex anankes* ein explicandum der Struktur der *physis*. Zwar ist das Beispiel der Säge, mit dem Aristoteles argumentiert, nicht dem Bereich der *onta kata physin* entnommen. Die Säge ist ein handwerklich produzierter Gegenstand. Gerade das zeigt aber, daß Aristoteles die Struktur der *physis* über den Bereich der Reproduktion des Lebens hinaus in die Sphäre der *techne* extrapoliert.

Die Identifikation von physis und techne

Tatsächlich steht die hier angedeutete Strukturanalogie zwischen ›Natur‹ und ›Kultur‹ im Zentrum der Aristotelischen Tragödientheorie. Um dies zu verstehen, müssen wir uns das in der Physik vorgetragene Argument auf einer breiteren systematischen Grundlage klarmachen. *Physis* und *techne* erscheinen ja zunächst als Gegensätze: dem Idealtyp der Reproduktion der Lebewesen steht der Idealtyp des handwerklichen Prozesses gegenüber. *Als* einander entgegengesetzte stehen die Sphären aber in einem wechselseitigen Explikations- und Begründungsverhältnis, aus dem ihre Gemeinsamkeit ebenso wie ihre Unterschiedenheit hervorgeht. Das bedeutet, daß die Struktur der technischen Prozesse die Naturprozesse *expliziert* und die Struktur der Naturprozesse die technischen Prozesse *begründet*.

Was ist damit gemeint? Alle Prozesse, sagt Aristoteles, lassen sich durch das Zusammenwirken von vier Ursachen erklären.[19] Das Grundmodell, anhand dessen er diese These expliziert, geben nun die technischen Prozesse ab. Wir haben hier erstens die sogenannte Materialursache – der Stoff, aus dem ein Gegenstand gemacht wird; zweitens die Formursache – seine Gestalt, die ich als Handwerker im Kopf habe und im technischen Prozeß realisiere; drittens die Wirkursache – was den Prozeß beginnen läßt oder ihn überhaupt erst anstößt (mein Wille oder die Fähigkeit, dies zu tun); und viertens die Zielursache – der fertige Gegenstand, der allererst den Sinn des gesamten Prozesses anschaulich enthüllt. Es läßt sich ohne weiteres erkennen, daß diese vier Ursachen analytisch nur im Bereich technischer Prozesse Sinn haben. Nur hier lassen sie sich nämlich klar auseinanderhalten.[20] Der entscheidende (und aus neuzeitlicher Sicht zweifellos fragwürdige) Schritt der Argumentation besteht nun darin, daß Aristoteles die Vier-Ursachen-Lehre auf die Natur überträgt. Ihrem Schema sollen auch die Naturprozesse folgen. Der Unterschied besteht nur darin, daß bei ihnen, und in besonderem Maße bei den vollkommensten unter ihnen, den Fortpflanzungsprozessen, die Ursachen Zwei bis Vier zusammenfallen.[21] Die Formursache, das *eidos*, ist ja nicht allein in der Vorstellung des arbeitenden Handwerkers, sondern in den elterlichen Lebewesen anschaulich-real vorhanden; für die Wirkursache – Fortpflanzungswille und -fähigkeit – gilt dasselbe; und die Zielursache ist die Verkörperung und Wiederkehr beider Ursachen im Kind: das *telos*, welches den Sinn des Prozesses enthüllt. Da aber die Eltern aus demselben Prozeß hervorgingen, also selbst Kinder sind, stellen sie an ihnen selbst schon das Ziel des Prozesses dar, der von ihnen ausgeht. Daß im Lebewesen Ursprung und Ziel, *arche* und *telos* identisch erscheinen, liegt nicht unbedingt in der Natur der Sache, sondern verdankt sich einer ›technologischen‹ Auslegung aller natürlichen Prozesse.

Nun wird aber nicht bloß einsinnig die Idee menschlichen Zweckhandelns auf die Natur übertragen. Vielmehr dient die explizierende Übertragung gerade dazu, das menschliche Zweckhandeln als naturgegeben zu beglaubigen. Das, was analytisch das zweite ist: das Zusammenfallen von Ursprung und Ziel im Ursprung, wird zum ersten: zur Einheit, die ihrer erscheinenden Zweiheit in den handwerklichen Prozessen substantiell zugrundeliegt. Für den abendländischen Umgang mit der Natur hat dies weitreichende und schlimme Folgen gehabt. Denn Naturbeherrschung – die handwerklichen Prozesse sind ja nichts anderes – erscheinen nicht als Eingriff in die Natur, sondern als Natur selbst. Alle destruktiven Momente – die Verwandlung der erscheinenden Natur in Rohstoff – werden ausgeblendet.[22] Versäumt wird die Reflexion, daß die menschliche *techne* sich immer auch der Natur entgegensetzt: bei Aristoteles erscheint sie als analytische Ausfaltung der reproduktiven Struktur der *physis*. Damit verschleiert sie ihren Herrschaftscharakter. Gerade dort, wo es so scheint, als würden wir uns die Natur unterwerfen, vollziehen wir sie. Allenfalls im Modus einer gewissen Abständigkeit[23] verläuft die technische Naturbeherrschung in den Bahnen, der von der *physis* vorgegebenen Struktur.

Die Identifikation von *physis* und *techne* geht allerdings nicht bloß auf Kosten des negativ differierenden Moments der menschlichen Naturbeherrschung. Sondern gleichfalls gerät ein *positiv* differierendes Moment aus dem Blick. Es wird nämlich ein bestimmter Typ menschlichen Handelns aus dem Wechselverhältnis von Natur und Kultur ausgeschlossen. Das ist der Typ, bei dem sich ›etwas ändert‹; bei dem Ursprung und Ziel nicht übereinstimmen. Alle Handlungen, deren Urheber sich während ihres Verlaufs umentschließen und ihre Ziele ändern (weil sie selbst, weil die Verhältnisse sich geändert haben) – mit einem Wort: alle *geschichtlichen* Handlungen fallen aus dem Explikations- und Begründungsverhältnis von Natur und Kultur heraus. Die Begriffe des Neuen und der Freiheit haben in der Prozeßtheorie des Aristoteles keinen Raum.

Um dem Anschein der Willkür zu entgehen, der vielleicht schon aus der Sicht der Zeitgenossen dieser Gleichsetzung angehaftet haben mochte, hat Aristoteles ein auf den ersten Blick schlagendes Argument parat. Er sagt nämlich, daß der Mensch und die durch ihn bewerkstelligten Prozesse *selbst telos* der Natur seien: »In gewisser Weise sind nämlich auch wir Zweck.«[24] Das heißt: die natürlichen und die kulturellen Prozesse werden nicht einfach miteinander analogisiert, sondern ihrerseits in den Zusammenhang von *arche* und *telos* überführt, und zwar so, daß sich in letzter Instanz gar nicht mehr entscheiden läßt, was innerhalb der Natur und Kultur umwölbenden Teleologie noch erstes und zweites ist. »So wie gehandelt wird, so ist es natürlich entstanden (ὡς πράττεται, οὕτω πέφυκε), und so wie es natürlich entstanden ist, so wird jeweils gehandelt [...]. Gehandelt wird aber um etwas willen (ἕνεκα του), folglich ist es auch um etwas willen natürlich entstanden. Wenn zum Beispiel ein Haus ein Naturding wäre, dann entstünde es so, wie jetzt durch die *techne*. Wenn aber das Naturding nicht nur durch *physis*, sondern auch durch *techne* entstünde, so entstünde es genau so, wie es auf natürliche Weise entstünde. Das eine ist also um des anderen willen (ἕνεκα ἄρα θατέρου θάτερον).«[25]

Zunächst wird von der Sphäre menschlicher Zwecksetzungen auf die Natur hin extrapoliert. Dann schließt sich in einer kühnen Übertragung der Kreis. *Physis* und *techne* sind Zweck und Grund für das jeweils andere, so daß sich am Ende nicht mehr sagen läßt, was erstes und zweites ist. Beide werden überwölbt von dem gemeinsamen Zusammenhang des *ou heneka*, das sie als *arche* wie als *telos* füreinander setzt. Sie werden in ein geschlossenes System überführt, aus dem nichts mehr herausweist. »Die *techne* vollendet einerseits das, was die Natur nicht ins Werk setzen kann, andererseits ahmt sie sie nach.«[26] ὅλως δὲ ἡ τέχνη τὰ μὲν ἐπιτελεῖ ἃ ἡ φύσις ἀδυνατεῖ ἀπεργάσασθαι, τὰ δὲ μιμεῖται. Aber die Vollendung ist Nachahmung: *mimesis* nicht der Erscheinungen der Natur, sondern der naturprozessualen Grundstruktur in der Beziehung von *physis* und *techne* selbst, so daß in der technischen ›Vollendung‹ vorgeblich ein originärer Zweck der Natur sich erfüllt.

An dieser Stelle münden unsere Überlegungen zur Aristotelischen Physik wieder zurück in die Theorie der Tragödie. Thesenhaft formuliert: Aristoteles' Idealmodell der tragischen Handlung folgt der zirkulären Ineinssetzung von Ursprung und Ziel, der die Naturprozesse ihre Einheit, Ganzheit und Abgeschlossenheit zu danken haben. Die

Tragödie bringt die philosophische Wahrheit über das Verhältnis von *physis* und *techne* demonstrativ zur Erscheinung. Das heißt, sie führt einen Prozeß vor Augen, in dem Natur zu sich gelangt und sich in sich zurücknimmt, indem sie sich als Kultur entäußert. Sie hat den pädagogischen Sinn, den Schein einer Unabhängigkeit oder eines Gegensatzes von Natur und Kultur in ihre Identität aufzulösen. Diesem Schein ist der tragische Held verfallen, und er wird geopfert, um die Nichtigkeit des Scheins zu beweisen und dem Publikum so drastisch wie instruktiv vorzuführen. Das geht so vor sich, daß alle Versuche, der naturhaften Identität von Ursprung und Ziel ein Neues entgegenzustellen, zu nichts anderem als gerade eben ihrer Durchsetzung dienen. Ohne daß der Ausdruck ein einziges Mal fallen würde, faßt Aristoteles die tragische Handlung als unentrinnbares *Schicksal* ins Auge; als Schicksal, anonymisiert und verewigt in logischen Kategorien[27]; als Schicksal, dem die Freiheit nur Vorschein seiner eigenen Selbstverwirklichung ist.

Der Idealtyp der verflochtenen Handlung

Wenn wir jetzt zum Text der »Poetik« zurückkehren, um diese Hypothesen zu überprüfen, können wir wieder dort ansetzen, wo wir ihn verlassen haben, an der Stelle im siebten Kapitel nämlich, an der es um die naturnotwendig in der Sphäre menschlichen Handelns sich darstellende Ganzheit des tragischen *mythos* ging. Nimmt den Passus näher in Augenschein, fällt auf, daß eine auf den ersten Blick wenig spektakuläre Differenzierung in unseren bisherigen Überlegungen bislang keine Rolle gespielt hat. Aristoteles sagt nämlich eigentlich nicht, das der *gesamte* Handlungsprozeß lückenlos als *physis*-Zusammenhang bestimmt sei. Er stellt lediglich fest, daß die dem Anfang (unmittelbar) folgenden und die dem Ende (unmittelbar) vorausgehenden Geschehenisse mit ihnen jeweils natürlich und notwendig zusammenhängen. In der abschließenden Definition der »Mitte« *(meson)* fehlt dieser Geschehenssinn. Von ihr wird nur gesagt, daß sie auf andere Ereignisse folgt und andere Ereignisse nach sich zieht. Ob man die Definition sinngemäß durch ein ›in derselben Weise‹ zu ergänzen hat oder ob Aristoteles auf einen anderen als den durch *physis* bestimmten Geschehenssinn hinauswill, ist zumindest offen.

Ich bin tatsächlich der Meinung, daß der Verfasser der »Poetik«, so paradox das zunächst klingen mag, beide Deutungsmöglichkeiten im Blick hat und daß er die Stelle absichtlich so undeutlich formuliert hat, weil er keines der beiden alternativen Strukturmodelle auszuschließen gedachte. Aus ihrem Zusammenhang ergibt sich nämlich diejenige Form des *mythos*, auf die die Tragödietheorie im weiteren Verlauf zusteuert.

Es empfiehlt sich zunächst, die Differenz zwischen *arche* und *teleute* auf der einen Seite und dem *meson* auf der anderen Seite schwer zu nehmen. Die im weiteren vermittelte Deutungsalternative ergibt sich daraus mit der nötigen Entschiedenheit. Aus dieser Perspektive resultiert nämlich eine in die Ganzheit der tragischen Form eingelassene strukturelle Doppelbödigkeit. Aristoteles entwirft, so könnte man sagen, den ›dialektischen‹ Begriff einer Prozeßganzheit, innerhalb derer sich der Ursprungszusammenhang von Anfang und Ende in eine Strukturdifferenz hinein entäußert (die freie Folge der mittleren Ereignisse, die prima vista nicht durch Notwendigkeit bestimmt ist); eine Strukturdifferenz, welche freilich am Ende wieder in den originären *physis*-Zusammenhang aufgelöst wird.

Eine Strukturdifferenz also, die keine ist und im Verlauf des Ganzen wieder verschwindet – eine solche Strukturdifferenz ist ein *Schein*. Daraus aber, daß der Text sie überhaupt, wenn auch vage, geltend macht, erhellt, daß es sich um einen realen Schein handelt. Für die Menschen, die an ihm teilhaben, stellt er eine Realität dar, ob denn gleich eine, der sie irrtümlich erliegen. Es ist der Sinn des tragischen Formverlaufs, daß die Ereignisse, auf denen der Wechselbezug von Anfang und Ende weniger oder gar nicht zu lasten scheint, die Ereignisse also, die aus dem Zusammenhang der Naturnotwendigkeit sich herauszuentwickeln streben, in Wahrheit in ihn hineinführen.

Dieses an unserer Stelle nur angedeutete Programm wird ideal-typisch von demjenigen Typus tragischer Handlung eingelöst, dem Aristoteles vor allen anderen den Vorzug gibt: der komplizierten oder verflochtenen Handlung. Ich zitiere die entscheidenden Bestimmungen zunächst einmal im Zusammenhang: »Die Fabeln sind teils einfach (ἁπλοῖ), teils kompliziert (πεπληγμένοι). [...] Ich bezeichne die Handlung als einfach, die in dem angegebenen Sinne in sich zusammen-hängt und eine Einheit bildet und deren Wende (μετάβασις) sich ohne Peripetie und Wiedererkennung vollzieht, und diejenige als kom-pliziert, deren Wende mit einer Wiedererkennung oder Peripetie oder beidem verbunden ist. Peripetie und Wiedererkennung müssen sich aus der Zusammensetzung der Fabel selber ergeben, d.h. sie müssen mit Notwendigkeit oder Wahrscheinlichkeit aus den früheren Ereignissen hervorgehen. [...] Die Peripetie ist [...] der Umschlag (μεταβολή) dessen, was erreicht werden soll, in das Gegenteil, und zwar [...] ge-mäß der Wahrscheinlichkeit oder mit Notwendigkeit. [...] Die Wie-dererkennung ist ein Umschlag von Unkenntnis in Kenntnis, mit der Folge, daß Freundschaft oder Feindschaft eintritt, je nachdem, ob die Beteiligten zu Glück oder Unglück bestimmt sind. Am besten ist die Wiedererkennung, wenn sie zugleich mit der Peripetie eintritt, wie es bei der im ›Ödipus‹ der Fall ist.«[28]

Die einfache Tragödie bezeichnet einen zwar unausweichlichen, aber scheinlosen Zusammenhang. Als Beispiel mag die Euripideische »Medea« dienen. In dem Stück steht der Vorsatz der Heldin, ihre Kinder zu töten, von Anfang an fest. Die ganze Handlung stellt nichts anderes dar als die Realisierung dieses »eidos«, die Überführung eines non-A in ein A, in welchem der Ursprung in sich zurückgeht. Es voll-zieht sich zwar eine ›Wende‹ *(metabasis)* vom Glück zum Unglück. Insofern ist auch hier eine gewisse Doppelbödigkeit anzutreffen; eine Doppelbödigkeit zwischen logischem und sachlichem Prozeß. Das Glück korrespondiert dem logisch defizitären Ausgangszustand, und der logische Erfüllungszustand bedeutet das Unglück aller. Das Glück ist also Schein. Aber dieser Schein ist von Beginn an offenbar.

Anders verhält es sich bei der komplizierten Tragödie. Diese hat die Aufdeckung des Scheins allererst zum Thema. Auch die komplizierte Tragödie bringt die *metabasis* eines Zustands in sein Gegenteil, als dessen Negation er sich enthüllt, zur Darstellung. Aber dieser Prozeß hat im Unterschied zur einfachen Tragödie die Gestalt einer *metabole*, einer mehr oder minder plötzlichen Auflösung des Scheins.[29] Die Überwältigung eines scheinhaften Wollens oder eines scheinhaften Wissens durch den von ihnen selbst ausgelösten Naturzusammenhang – das ist der Sinn dieses Vorgangs, in dem sich die tragische Form zu einem Konflikt von Sein und Schein gesteigert, hat, die sie *reflektiert* zur Darstellung bringt. Der Schein wird als Schein gesetzt; gerade dadurch erweist er sich aber als die Kehrseite des Seins, des sich namens der *physis* durchsetzenden Schicksals.

›Dialektik‹ von Sein und Schein

Formell ausgedrückt, stellt der Schein den Glauben dar, Anfang und Ende seien wesensmäßig verschieden. Im »König Ödipus«, dem Paradestück des Aristoteles, wird er durch die Anstrengungen des Helden, dem ihm prophezeiten Verhängnis zu entkommen, verkörpert. Darin besteht seine *hamartia*, seine Verkennung der Wirklichkeit.[30] Die Identität von Ursprung und Ziel, die die Zeit zum Medium ihrer Darstellung herabsetzt, soll aufgebrochen; aus A soll B, ein zweites *telos* werden. Ödipus nimmt für das menschliche Handeln in Anspruch, aus dem Naturzusammenhang ausscheren zu können, den das Orakel in jene Sphäre verpflanzt hat. Der tragische Held leugnet den Anspruch der Natur auf die Geschichte; insofern ist er der schärfste Widersacher der Aristotelischen Ontologie. Daher läßt sie es sich daran gelegen sein, an ihm ein Exempel zu statuieren. Und zwar, indem der geschichtliche Prozeß, den er eigenwillig in Gang bringt, selbst zum Material des eigentlichen, über ihn hinausgreifenden Gesamtprozesses herabgesetzt wird, durch den das A des Anfangs sich nur als non-A des Endes enthüllt.

Das Stück des Sophokles kommt diesem Ansinnen insofern entgegen, als es nur die Aufdeckung eines bereits Geschehenen zu Thema hat. Das Orakel, das dem Ödipus Vatermord und Inzest prophezeite, hat sich längst erfüllt. In einem eindringlichen Sinne ist das thebanische Geschehen Schein. Die Pest und Ödipus' Bemühungen, die Seuche einzudämmen (damit setzt das Stück ein), sind nur der Anlaß, durch den der Schleier vor dem Vergangenen fortgezogen wird. Das eigentliche Aufbegehren gegen die *physis* als Schicksal, der Auszug aus Korinth, um die vermeintlichen Eltern vor sich zu schützen, liegt weit zurück. Sein schwacher Reflex ist das, was Ödipus auf der Bühne noch zu unternehmen imstande ist; ein Schein des Scheins. Indem der Naturzusammenhang nicht einmal in aktualer Tätigkeit gezeigt wird, sondern als vollzogener lediglich enthüllt wird, wird die Unmöglichkeit des Einspruchs, von dem Aristoteles ohnehin überzeugt ist, sozusagen doppelt beglaubigt.[31]

Weil der Konflikt zwischen Sein und Schein das eigentlich normative Zentrum der Aristotelischen Tragödientheorie bildet[32], treten all diejenigen Stücke nicht in ihren Gesichtskreis, in denen ein Konflikt zwischen Sein und Sein, also mindestens ähnlich berechtigten Ansprüchen thematisch ist. Erst in ihnen wäre von Dialektik im vollen Sinne zu reden: die Dialektik von Schein und Sein ist selber scheinhaft. Von den bekannten Tragödien wären etwa die »Antigone« und die »Orestie« zu nennen; auch der »Aias« lebt aus dieser Balance. Und wenigstens von dem zweiten Stück wäre zu sagen, daß es sich, wie voreingenommen auch immer, um eine Kompromißlösung bemüht, die beiden Konfliktparteien Rechnung trägt. Überhaupt dürfte an der ungeheuren Kraft des Aischyleischen Geschichtsdenkens die »Poetik« am weitesten vorbeizielen. Aristoteles erwähnt die Orestie kein einziges Mal, und der Name des ersten Tragikers fällt nur in arbiträrem Zusammenhang.[33] Gewiß ist keine antike Tragödie vom Schicksalsdenken freizusprechen; die Gattung ist ja überhaupt erst in der Auseinandersetzung mit ihm entstanden. Indem Aristoteles aber das Verhältnis von Natur und Geschichte als selbst scheinhaften

Konflikt von Sein und Schein interpretiert, fällt er hinter das Niveau dieser Auseinandersetzungen zurück. Durch seine Auflösung in Ontologie wird ein mythischer Schicksalsbegriff restauriert, den wenigstens eine Mehrzahl der erhaltenen Tragödien nicht mehr unbefragt hinnahm. Es ist keineswegs so, daß Aristoteles mit dem hellen Licht der Aufklärung die Schemen der Vorzeit zerstreute und die Tragödie damit um ihr Wesen, die mythischen Gehalte, gebracht hätte. Es ist viel schlimmer: die Ratio selbst hat die mythischen Gehalte formalisiert und schlägt dadurch hinter sie, die das Schicksal wenigstens namhaft machten, zurück. Aristoteles bringt »die Tragödie aus ihrer historischen Zwischenstellung zwischen Mythos und Metaphysik letztlich zurück in den Mythos.«[34] Die Tragödientheorie der »Poetik« ist mithin ein exemplarischer Fall der Dialektik der Aufklärung: »schon der Mythos ist Aufklärung, und: Aufklärung schlägt in Mythologie zurück«.[35] Das Schicksal ist universell geworden. Es hat keinen Namen, keine Gestalt, die es behaftbar machten, weil es mit der rationalen Immanenz der alles menschliche Beginnen unter sich lassenden Naturordnung koinzidiert.

Die tragische Wirkung

Hermeneutische Vorüberlegungen

Die vorausgegangenen Überlegungen weisen in die Richtung, in der wir das Aristotelische Konzept der tragischen Wirkung zu suchen haben. Dabei ist einzuräumen, daß nach den »Tintenströmen«[36], die zum Problem der tragischen Wirkung vergossen wurden, nach all den divergierenden Deutungshypothesen, die vom Fortschritt philologischer Erkenntnis ebenso zeugen wie vom Geist der Zeit, dem sie angehören, Zurückhaltung gegenüber dem Stellenwert der eigenen Unternehmung angebracht ist. Die im folgenden vorgetragene Überlegung ist eine Konjektur. Einen weitergehenden Anspruch kann aufgrund der spärlichen Textgrundlage[37] keine erheben. Sie weiß sich in einer gewissen inhaltlichen Übereinstimmung mit Annahmen, die in der angloamerikanischen Forschung geäußert wurden.[38] Über sie geht sie allerdings in zwei Punkten hinaus.

Zum einen nämlich setzt sie – was ja das ausdrückliche Ziel dieser Untersuchung darstellt – die tragische Wirkung in eine Sachbeziehung zur tragischen Form. Ja, sie betrachtet den tragischen Formprozeß und dem an ihm sich vollziehenden seelischen Wirkungsprozeß als zusammengehörige Bestandteile eines sie übergreifenden Ganzen; eines Ganzen, über das zuletzt die Gesamtanlage der Aristotelischen Philosophie nicht weniger informiert als der Text der »Poetik«.

Zum anderen geht sie davon aus, daß eine Deutung der tragischen Wirkung nur dann eine Chance hat, wenn es ihr gelingt, möglichst viele Interpretationsansätze miteinander zu verbinden. Davon kann in der angloamerikanischen Forschung aber auch nur bedingt die Rede sein. Was immer im einzelnen zu *eleos, phobos, katharsis* und tragischer *hedone* zu sagen sein wird: Die Begriffe haben sowohl in der philosophischen Tradition, auf die Aristoteles zurückblickt, wie in seinem eigenen

Denken ein so weites Bedeutungsspektrum entfaltet, daß es von vornherein aussichtslos erscheint, sie auf eine, die anderen ausschließende Bedeutung zu verpflichten. Auch sonst herrscht in der Forschung durchaus die Tendenz vor, zwanghaft eine Entscheidung dort herbeiführen zu wollen, wo Aristoteles möglicherweise nicht entscheiden wollte.[39] So scheint mir ein möglichst integratives Vorgehen empfehlenswert, deren Ziel es sein sollte, die Bedeutungsvielfalt der in Rede stehenden Begriff zu einem in sich stimmigen Bedeutungskomplex zu vereinen.

Das ist freilich das gerade Gegenteil von bloßer Bedeutungsaddition. Es wäre wenig gewonnen, wollte man die verschiedenen Kontexte, in denen etwa der Begriff der Katharsis Verwendung gefunden hat, einfach nebeneinanderstellen und darauf vertrauen, daß sich durch bloße Bedeutungsvermehrung ein rechter Sinn schon mitteilen werde. Aristoteles zuzumuten, mit einem mehrfach gestaffelten Begriff tragischer Wirkung operiert zu haben, bedeutet vielmehr zur gleichen Zeit, von einer systematischen Organisation der Bedeutungsmomente auszugehen. Das soll heißen, daß die verschiedenen Aspekte der tragischen Wirkung um ein, man könnte sagen, normatives Zentrum herum angeordnet sind.[40] Dieses nicht unbedingt faktische, sondern ideelle Zentrum besteht nach meiner Ansicht in einem *intelligiblen* Vollzug und Nachvollzug der ontologischen Prozeßstruktur, als welche Aristoteles die Form der Tragödie auffaßt. Nicht ausschließlich, aber idealtypisch ist die Katharsis eine *mathesis*, ein Lernvorgang, der in Einsicht und Unterwerfung unter das ontologische Schicksalsgesetz der Tragödie seinen Abschluß findet.

Mit dieser These setzen wir uns in Widerspruch zumal zur deutschen Deutungstradition seit Bernays, die der tragischen Wirkung einen solchen intelligiblen oder intellektiven Sinn bestreitet. Wenigstens hierzulande genießt diese Deutungstradition einen weithin ungeminderten Einfluß. So stellt sich die am weitesten verbreitete deutsche Übersetzung der »Poetik«, die von Manfred Fuhrmann im Reclam Verlag, ganz in sie hinein, wenn sie den berühmten und umstrittenen Schluß der Tragödiendefinition aus dem sechsten Kapitel wie folgt wiedergibt: Die Tragödie, so heißt es bei Fuhrmann, sei eine Nachahmung, »die Jammer und Schaudern hervorruft und hierdurch eine Reinigung von derartigen Erregungszuständen bewirkt.« Der genitivus seperativus ›Reinigung von …‹ knüpft an Bernays an, der das Phänomen umstandslos als »Entladung« qualifiziert[41], die Übersetzung von *eleos* und *phobos* an Schadewaldt, in dessen Aufsatz »Furcht und Mitleid?« der Bernays'sche Deutungsansatz seine konsequenteste und in gewisser Weise nicht mehr überbietbare Ausformulierung gefunden hat.

Wir werden uns mit den Argumenten, die diese Interpretation stützen, wie mit denen, die gegen sie sprechen, auseinandersetzen. Zuvor aber scheint es mir notwendig zu klären, worum es in dieser Debatte jenseits aller philologischen Erbsenzählereien überhaupt geht. Denn es hätten wohl kaum so wenige Worte wie die soeben über die Wirkung der Tragödie zitierten eine so ungeheure Aufmerksamkeit nach sich gezogen, wenn es niemals um etwas anderes gegangen wäre als um – diese Worte. Was vielmehr mehr oder minder bewußt immer mit zur Verhandlung steht, ist die grundsätzliche Anschauung, die ein bestimmtes Zeitalter, ein bestimmter Interpret von der Funktion der Kunst hegen. Soll sie lehren oder unterhalten? Ist Wahrheit oder Kompensation ihr Geschäft? Trägt sie zur Besserung oder zur Entlastung ihrer Rezipienten bei? Die Geschichte des Nachdenkens über Kunst ist seit ihren Anfängen bei Hesiod[42] durch ein Hin und Her zwischen diesen Polen des Kunstverständnisses und ihrer immer wieder neu ansetzenden Vermittlung bestimmt. Es sei zunächst dahingestellt, welche Position Aristoteles in diesem Spannungsfeld zwischen – modern ausgedrückt – Wahrheits- und Kompensationsästhetik eingenommen haben könnte. Die Aristoteles*rezeption* jedenfalls zeichnet sich durch eine Tendenz zu den Extremen der Kunstbetrachtung aus, welche die Möglichkeiten einer Vermittlung zwischen ihnen außer acht läßt. Auf der einen Seite haben wir Lessings pädagogisches Verdikt aus der »Hamburgischen Dramaturgie«: »Bessern sollen uns alle Gattungen der Poesie; es ist kläglich, wenn man dieses erst beweisen muß.«[43]

Und auf der anderen Seite finden sich Goethes spöttische Bemerkungen über einen moralischen Endzweck der Tragödie, des Sinnes, daß der Zuschauer »um nichts gebessert nach Hause geht, sondern sich ebenso leichtsinnig als hartnäckig, ebenso heftig als schwach, ebenso liebevoll als lieblos wieder in seiner Wohnung finde«[44] – Bemerkungen, die Bernays' Theorie der tragischen Wirkung als einer erleichternden Affektabfuhr entscheidend motivierten[45] und damit dem kompensationsästhetischen Paradigma den Weg zu einem Erfolg ebneten, der bis heute weit über die Kreise der Aristotelesphilologie hinaus anhält.

Wie läßt sich nun der Erfolg dieses Paradigmas erklären – erklären nicht als Ergebnis philologischer Argumente, sondern als »Funktion historischer Bewegungen«?[46] Karlfried Gründer hat sich dieser Frage gewidmet. Er kommt dabei zu dem Ergebnis, daß es zuletzt der Zusammenbruch der idealistischen Ästhetik war, aus deren Konkursmasse sich jene Figuren des neunzehnten Jahrhunderts erhoben, die sich an der »Nachtseite des Griechentums« interessierten.[47] Bernays, dem Nietzsches »Geburt der Tragödie« einiges verdanke, habe in dem ›würdigsten Reiche der Humaniora‹ (Thomas Mann), der klassischen Philologie, die Probe gemacht auf Tendenzen, die in der nachidealistischen Philosophie spätestens seit Schopenhauer in der Luft lagen.

Nun ist die Diktion der Bernays'schen Abhandlung von Nietzsches insistentem Plädoyer für die – etwas abkürzend gesagt – chthonische Transzendenzerfahrung, welche die Tragödie vermittele, denn doch um einiges entfernt. Von daher ist es angebracht, Gründers zutreffende Beobachtung unter kompensationsästhetischem Vorzeichen noch einmal zu positionieren.

Wenn nämlich die idealistische Ästhetik Hegels und Schellings etwas war, so im bestimmtesten und vehementesten Sinne Wahrheitsästhetik. Aus ihrem Zerfall ging eine Ansicht von der Kunst hervor, der die die bestehenden Verhältnisse übersteigende Erfahrung nicht dazu diente, Licht auf eine mögliche Veränderung dieser Verhältnisse zu werfen, sondern sie in der Rückkehr zu ihnen zu bestätigen. ›Erholung statt Erlösung‹; ›Freizeit statt Freiheit‹: so ließe sich die ästhetische Umorientierung schon des 19. Jahrhunderts etwas plakativ beschreiben. Das Modell dieser kompensatorischen Bestätigung bildet dabei die Triebabfuhr, und zwar insbesondere und uneingestandenermaßen die *sexuelle* Triebabfuhr.[48] Sie ist es, der die Abhandlung von Bernays ihre eigentlich skandalisierende und weitreichende Wirkung verdankt.

Nicht allein wurde sie der Reaktion des Einzelnen auf die Kunst zugrundegelegt. Vielmehr wurde nach ihrem Modell das spannungsvolle Verhältnis aller Einzelnen zur Gesellschaft geregelt. Aus der Analogisierung individueller und kollektiver Triebabfuhr bedingte sich die Attraktivität des Bernays'schen Interpretationsvorschlags wenigstens ebensosehr wie aus der Anziehungskraft der sexuellen Sphäre als solcher. In der sich industrialisierenden, zunehmend durchkapitalisierten Welt des neunzehnten Jahrhunderts stand das Ganze der Gesellschaft den Einzelnen in steigendem Grade als ein Gebilde gegenüber, das sich von seinen Bedürfnissen entfernt hatte. Wie nun ein sinnvermittelnder Zusammenhang zwischen ihnen sich ausdünnte und seine sinnliche Evidenz verlor, trat das Modell der Triebabfuhr in Wirkung. Die »Entladung« angestauter und »sollicirter Affectionen«[49] ersetzt jenen Zusammenhang; der Einzelne beruhigt sich, nachdem ihm die Kunst vergönnte, seine Triebspannungen abzuführen, und vermag sich – wenigstens für eine Weile – ins Allgemeine wieder einzufügen. Die Triebabfuhr ist um der Maßregelung des Triebes willen da; und schon manche Partien bei Bernays lesen sich so, als ginge es dem Altphilologen darum, das Volk bei der Stange zu halten. Von dort aus ist es dann kein so weiter Weg zu der beängstigenden Formulierung Wolfgang Schadewaldts – beängstigend, weil ohne jeden Gedanken einer Kritik daran vorgetragen –, die Kunst diene der »Staatshygiene«.[50]

Wir werden auf diese Formulierung, zusammen mit einigen Überlegungen, die sich grundsätzlich auf den historischen und ideologischen Ort von Schadewaldts berühmten Aufsatz über die Wirkung der Tragödie beziehen, am Ende dieses Teiles noch einmal eingehen. Unsere Aufgabe an dieser Stelle bestand ja zunächst einfach darin,

Klarheit über die geistesgeschichtliche Umgebung zu gewinnen, in der die Deutungstradition, in der Schadewaldt selbst steht, zu ihrem nachhaltigen Erfolg ansetzte –: natürlich auch mit dem Zweck, auf nichtphilologischer Grundlage ein wenig mißtrauisch gegen diesen Erfolg zu stimmen. Denn er koinzidiert ein wenig *zu* genau mit dem Erfolg des kompensationsästhetischen Paradigmas und seinen gesellschaftlichen wie psychologischen Prämissen. Im folgenden werden wir uns zunächst mit den philologischen Argumenten beschäftigen, die dafür, beziehungsweise dagegen sprechen, jenes Paradigma auf den Tragödiensatz der Aristotelischen »Poetik« anzuwenden.

Von der medizinischen zur tragischen Katharsis

Von Bernays an berufen sich alle Vertreter der kompensationsästhetischen Interpretationsrichtung auf das achte Buch der »Politik«, und hier insbesondere auf die Stelle im siebenten Kapitel, an der Aristoteles seinen Begriff musikalischer Katharsis erläutert. Franz Dirlmeier hat diese Stelle sowie den Argumentationszusammenhang des gesamten Buches so minutiös und einleuchtend rekonstruiert, daß es dem so gut wie nichts hinzuzufügen gibt. Aristoteles spricht hier von einer »Reinigung«, die den ekstatisch oder durch Furcht und Mitleid erregten Zuhörern durch bestimmte – »enthusiastische« – Harmonien (also am ehesten »Tonarten« in unserem Sinne) zuteil wird. Sie beruhigen sich, und diese Beruhigung funktioniert analog[51] zu einer medizinischen Heilung und Katharsis[52]: das heißt als ein Ausschwemmen störender Stoffe, wie es am prägnantesten an einer Stelle der »Problemata physica« erläutert wird.[53] Gegen diese Binneninterpretation dürfte sich wenig einwenden lassen: dementsprechend setzt alle Kritik an der auf der Politikstelle fußenden Interpretationsrichtung an der Frage an, wiewеit sich der aus ihr gewonnene Befund auf die »Poetik« übertragen läßt. Soweit ich sehe, sind es vor allem drei Gründe, die zwar nicht für Dirlmeiers Diktum sprechen, »daß die Katharsis der Politik mit der Poetik wesensmäßig identisch ist«[54]; daß aber doch ein wie immer gearteter Bezug anzunehmen und zu begründen ist:

Erstens muß man einem Philosophen vom Rang des Aristoteles zumuten, daß er seine Begriffe konsistent verwendet. Das heißt natürlich nicht, wie es die Positivisten aller Couleur verlangen und die ihnen nacheifernden Philologen in ausgedehnten Parallelstellenstudien zu belegen versuchen, daß ihr Bedeutungsumfang immer rein derselbe ist. Aber die verschiedenen Bedeutungsakzente eines Begriffes müssen in einer philosophisch nachvollziehbaren Weise miteinander zusammenhängen. Wenn Aristoteles also in der Politik einen bestimmten Begriff von Katharsis entwickelt, so folgt daraus, daß diese Verwendungsweise mit der uns interessierenden aus der Poetik zwar nicht zusammenfallen, aber doch in ihr irgendwie enthalten sein muß.

Zweitens verdient es immerhin Beachtung, daß in der »Politik« neben dem religiösen Enthusiasmus Mitleid und Furcht die einzigen Affekte sind, die namentlich genannt werden, auf welche die ›kathartische Methode‹ der Musik Anwendung findet.[55] Dies sind aber zugleich die exklusiv tragischen Affekte; von anderen ist in der »Poetik« an keiner Stelle die Rede.

Und drittens beendet Aristoteles seine Darstellung der kathartisch-enthusiastischen Musik mit dem Hinweis: »So sollen in solchen Harmonien und Liedern jene wetteifern, die sich mit Theatermusik beschäftigen.«[56] Dieser Hinweis würde sich erübrigen, wenn das Theater nicht ein ausgezeichneter Ort wäre, an dem die von ihm zuvor beschrieben Form der Katharsis in Wirkung gesetzt würde.

Nun ist es freilich gerade diese Stelle, die zu einer differenzierten Auseinandersetzung mit dem Begriff der Katharsis dringend auffordert. Aristoteles begründet nämlich seine Forderung nach einer enthusiastischen, kathartisch wirkenden Theatermusik damit, daß »der Theaterbesucher von doppelter Art ist, der eine frei und gebildet, der andere ordinär.«[57] Offensichtlich ist die Katharsis, von der zuvor die Rede war, für das einfache Publikum bestimmt, deren »verbogene Seelen«[58] sie wieder gerade richten soll. Heißt das, daß das gebildete

Theaterpublikum leer ausgeht – wenigstens soweit es die kathartische Wirkung der Tragödie betrifft?[59] Man hätte, wäre es dem Aristoteles mit dem Begriff tragischer Katharsis einzig und allein darum gegangen, das Rezeptionsverhalten der breiten Masse zu benennen, in der »Poetik« durchaus einen Hinweis darauf erwartet. Ja, die wiederholten Bemerkungen, die darauf zielen, daß die Tragödien auch als Lesestücke ihre Wirkung täten[60] wären ganz ungereimt, wenn die die Wesensdefinition der Tragödie immerhin abrundende Katharsis nur bei dem Teil des Publikums wirksam würde, das bei gelesenen Aufführungen – allein oder im kleinen Kreis – fehlt.

Daraus ergibt sich zweierlei: Erstens lassen sich die tragische und die musikalische Katharsis nicht ohne weiteres miteinander gleichsetzen[61]; es muß vielmehr bei aller Gemeinsamkeit eine Differenz zwischen ihnen geben. Und zweitens muß sich mit Hilfe dieser Differenz begründen lassen, daß von der tragischen Katharsis das gesamte Publikum betroffen ist.

Nun gibt der Text von Pol. VIII 7 wenigstens einen schwachen Hinweis darauf, daß Aristoteles eine solche Differenzierung im Sinn gehabt haben könnte. Nach der ersten Erwähnung des Katharsis heißt es nämlich: »das Wort Reinigung sei hier einfach (ἁπλῶς) angewandt. Genaueres wird später in den Untersuchungen über die Dichtung zu sagen sein.«[62] Ob sich der Querverweis dabei auf die »Poetik« oder auf die ganz verlorene Schrift »Über die Dichter« bezieht, braucht uns dabei nicht weiter zu interessieren; innerhalb des Aristotelischen Textcorpus, über das wir heute verfügen, zielt er auf jeden Fall ins Leere. Wichtiger ist aber das Wörtchen *haplos*. Es hat im Œuvre des Aristoteles terminologisches Gewicht. In der Poetik waren wir ihm bei der Unterscheidung von »einfacher« und »komplizierter« Handlung begegnet. Und in der Physik bezeichnet die *genesis haplos* den einfachen Werdevorgang: die Entstehung von »Sein« aus »Nichtseiendem«, dem die *alloiosis*, die Veränderung eines bestimmten Seienden gegenübersteht, mit der sie freilich per analogiam zusammenhängt.[63] Es ist vorerst wenig wahrscheinlich, daß der prozeßtheoretische Grundsinn, in dem »Poetik« und »Physik« auch in dieser Hinsicht zusammentreffen, sich in aller Strenge auf die Politikstelle übertragen läßt. Was wir dem anderwärtigen Gebrauch des Wortes *haplos* aber mit Sicherheit entnehmen können, ist der mehr oder minder bestimmte Verweis auf einen Gegenbegriff wie »komplex« oder »kompliziert«. In der Schrift über die Dichtkunst, so scheint Aristoteles sagen zu wollen, habe er einen komplexeren Katharsisbegriff als den hier vorgestellten entwickelt.

Und noch ein zweiter – allerdings vermittelter – Hinweis auf die Differenz zwischen musikalischer und tragischer Katharsis läßt sich der »Politik« entnehmen. Es muß sich um eine *Struktur*differenz handeln. Und zwar muß diese Strukturdifferenz so beschaffen sein, daß ein rein negativer Vorgang, dessen Inbegriff die medizinische Purgation und Ausscheidung ist, gewissermaßen umlagert wird von einem Vorgang, an dessen Ende ein positives Resultat steht.

Begründen läßt sich diese Annahme, indem wir das Verhältnis von medizinischer und musikalischer Katharsis in der Politik noch einmal in den Blick nehmen. Thema der gesamten Partie ist die Musik; der medizinische Heilungsprozeß wird nicht als Grundlage[64], sondern als homologes Korrelat der musikalischen Katharsis eingeführt.[65] Für den medizinischen Vorgang steht der rein negative Charakter der ›Beseitigung‹ und ›Wegschaffung‹ störender Säfte außer Frage. Aber bereits im Falle der musikalischen Katharsis verhält es sich etwas anders. Das, was hier den Reinigungsprozeß *auch* steuert, sind die *harmoniai*, in denen musiziert wird, und seien es auch die enthusiastischen. Aristoteles blickt immerhin auf eine Tradition zurück, der die Musik als Inbegriff kosmischer Ordnung galt und in der die Philosophie wie jede Art einer sich in Bildung und Geisteskultur darstellenden ›Musenkunst‹ als *mousike* bezeichnet werden konnte. Heilende Wirkung übte die Musik hier nicht durch Abfuhr, sondern indem sie im Menschen den Sinn für die Ordnung wach werden ließ, die sie selbst darstellte.[66] Vor diesem Hintergrund einerseits, angesichts der zu seiner Zeit fortgeschrittenen Ausdifferenzierung der Künste andererseits sieht sich Aristoteles genötigt zu formulieren: »die meisten interessieren sich für sie« – die Musik – »um des Vergnügens willen, ursprünglich aber galt sie als ein Stück Erziehung«[67], um dann im folgenden die musikalischen Harmonien danach einzuteilen, ob sie mehr zur *hedone* oder zur *paideia* gehören. Der für beide Arten verbindliche Ordnungsbegriff bleibt freilich die *harmonia*. Wir haben uns also die musikalische Katharsis so vorzustellen, daß in ihr neben der medizinisch gedachten Abfuhr ein zweites, »intelligibles« Moment Gewicht gewinnt – ein Ordnungsmoment, das die musikalische Organisation positiv verkörpert; mehr als nur ein Katalysator eines somatischen Prozesses, sondern ein »Etwas«, das im Prozeß der musikalischen Katharsis zur Darstellung gelangt. Bei den ethischen Harmonien, von denen Aristoteles immer wieder spricht und sie als die am meisten für die Erziehung geeigneten empfiehlt, dürfte dieser positive Anteil deutlich höher als bei den enthusiastischen ausfallen. Aber es handelt sich eben um einen *Anteil*. Aristoteles operiert hier wie auch anderswo nicht mit starren Dichotomien, sondern mit quantitativen Differenzen. Für unseren Fall bedeutet das, daß die *hedone* als eine Grundfunktion der Musik sich nicht durch die Abwesenheit, sondern durch das relative Unterliegen des Moments positiver Ordnung von der *paideia* unterscheidet.

Wenigstens tentativ läßt dieser Befund eine Art Proportionalschluß zu: So, wie sich die medizinische Katharsis zur musikalischen verhält, verhält sich die musikalische zur poetischen. In dem Maße, in dem das intelligible Moment des in Rede stehenden Prozesses zunimmt – und wenigstens daran, daß es sich bei der Tragödie um ein hochartifizielles, ja philosophisch relevantes Gebilde handelt, läßt Aristoteles keinen Zweifel[68] – gewinnt der positive Sinn an Bedeutung und Gewicht gegenüber dem negativen, ohne daß dieser dabei verlorenginge. Aristoteles zielt auf einen intelligiblen Sinn der Katharsis, eine *mathesis*, die alle anderen Formen der »Reinigung« nicht ausschließt, sondern sie in sich aufbewahrt. Entsprechend kann die tragische *hedone* in gewisser Weise einen pädagogischen Sinn annehmen – den Begriff der *paideia* selbst kann Aristoteles nicht verwenden, weil er der Jugenderziehung vorbehalten ist; die Jugendlichen waren aber im Theater nicht zugelassen –, ohne den Grundcharakter der *hedone* aufzugeben.

Katharsis als mathesis

Dieser Hinweis auf den Charakter der tragischen Katharsis ist freilich wertlos, wenn er nicht vom Text der »Poetik« selbst aufgenommen werden kann. Gibt es, so erratisch der Begriff im Traktat über die Dichtkunst dasteht, eine Möglichkeit, ihn zu einer Art von *mathesis* in Beziehung zu setzen? Es ist, soweit ich sehe, Leon Golden gewesen, der am vehementesten in diese Richtung argumentiert hat. Seine Interpretation setzt sich zunächst von allen Versuchen ab, den Sinn der poetischen Katharsis durch ein ausgedehntes Parallelstellenverfahren beizukommen, wie es vor allem in der von Bernays begründeten Deutungstradition üblich geworden war. Darüber, so Golden, sei die Rekonstruktion des immanenten Gedankenganges der »Poetik« zu kurz gekommen. In diesem aber ist das einzige in Frage kommende explicandum für die tragische Katharsis das »Lernen« durch Nachahmung, sowie die »Freude« an Nachahmungen, mit denen Aristoteles im vierten Kapitel des Traktats über die Dichtkunst die Existenz von Kunst als Mimesis anthropologisch begründet.[69]

Stützen läßt sich ein solcher Rückbezug durch Überlegungen, die Burckhard Garbe angestellt hat. In seiner dem Argumentationsaufbau der »Poetik« gewidmeten Untersuchung legt er dar, daß die Tragödiendefinition des sechsten Kapitels aus dem in den Kapiteln 1–5 Erörterten gewissermaßen zusammenmontiert ist. Eine signifikante Leerstelle bilden dabei aus seiner Sicht die Bestandteile der Definition, die von jeher die besondere Aufmerksamkeit der Interpreten auf sich gezogen haben und auch im Zentrum der Aristotelischen Erwägungen stehen: zum einen die Abgeschlossenheit der Handlung, und zum anderen eben der Passus über die tragische Wirkung. Sie würden erst nach der Definition entfaltet; alle anderen Elemente – Mimesis, die edlen Charaktere, Rhythmus, Wort und Musik, und die Darstellung durch Handelnde – seien aber zuvor benannt.[70] Die Definition der Tragödie fungiere gewissermaßen als Durchgangstation zu den sich anschließenden Erörterungen über das Herzstück der Tragödientheorie:

die Zusammensetzung der Geschehenisse und über die durch die Tragödie ausgelösten Affekte.[71]

Allerdings sind die Überlegungen Garbes in einem Punkt zu modifizieren. Zwar finden sich alle relevanten Thesen zu Handlungsaufbau und Wirkung der Tragödie tatsächlich erst im Anschluß an die Definition des sechsten Kapitels. Die Argumentation der ersten sechs Kapitel ist aber so angelegt, daß auch die zwei scheinbar fehlenden Definitionselemente schon *angedeutet* werden. Im Falle der Abgeschlossenheit der Handlung ist ein solcher Prototyp in den Bemerkungen zur Ausdehnung der Handlung gegeben, deren Beschränkung auf einen Sonnenumlauf gewissermaßen als ›vorontologisch‹-faktisches Substrat des ontologischen Ganzheitsbegriffs figuriert, auf den Aristoteles später hinauswill.[72] Und im Falle der tragischen Wirkung ist die *mathesis* aus dem vierten Kapitel wohl der geeignete Kandidat für eine solche andeutende Vorwegnahme.

So instruktiv Goldens Ausführungen über den Zusammenhang von Katharsis und *mathesis* sind – die naheliegende Frage, *was* denn die Zuschauer lernen, wird von Golden nicht beantwortet, ja nicht einmal gestellt.[73] Dementsprechend wird es eine Hauptaufgabe der folgenden Interpretation sein, den Inhalt der tragischen *mathesis* aufzuschlüsseln. Zuvor ist allerdings ein genauerer Blick auf die anthropologische Grundlegung der Kunst, also das vierte Kapitel der »Poetik«, erforderlich, um sich den allgemeinen Zusammenhang zwischen Mimesis und *mathesis* deutlich zu machen.

Der ästhetische Syllogismus

Das Thema des hier einschlägigen, ersten Teils dieses Kapitels[74] ist die Entstehung der Kunst; und zwar beschäftigt sich Aristoteles mit denjenigen Wesenseigentümlichkeiten des Menschen, die ihn dazu befähigen, Kunst hervorzubringen und an der Erfahrung von Kunst Freude zu haben. Er hebt zunächst hervor, daß »zwei Ursachen die Dichtkunst

40

hervorgebracht haben, und zwar naturgegebene Ursachen.« Dies sind zum einen das Nachahmen als angeborene Fähigkeit, und zum anderen »die Freude, die jedermann an Nachahmungen hat.« Beide Ursachen stehen nun in einem engem Zusammenhang mit dem Lernen, dem *manthanein*. Im ersten Fall, dem der mimetischen Produktion, liegt die Beziehung auf der Hand und scheint eines weiteren Beweises nicht bedürftig. »Der Mensch unterscheidet sich dadurch von den übrigen Lebewesen, daß er in besonderem Maße zur Nachahmung befähigt ist und seine ersten Kenntnisse (μαθήσεις) durch Nachahmung erwirbt.«

Im Fall der mimetischen Rezeption dagegen sieht sich Aristoteles gehalten, etwas ausführlicher zu werden. Zunächst geht es darum, zu beweisen, daß die Menschen überhaupt Freude an Nachahmungen empfinden. Dazu muß gezeigt werden, daß eine solche Freude sich nicht mit derjenigen deckt, die die Menschen angesichts ›natürlicher‹ Gegenstände‹ empfinden. So rekurriert der Verfasser der »Poetik« auf ein Phänomen, das die Nichtidentität beider belegt: »von Dingen, die wir in der Wirklichkeit nur ungern erblicken, sehen wir mit Freude möglichst getreue Abbildungen, zum Beispiel Darstellungen von äußerst unansehnlichen Tieren und von Leichen.«

Der nächste Schritt besteht darin, dieses Phänomen zu begründen. Und als Begründung wird wiederum ein Lernprozeß angegeben. Zunächst behauptet Aristoteles, daß das Lernen für alle Menschen ein Vergnügen (ἥδιστον, der Begriff der *hedone* klingt hier an) darstelle, wenn auch in unterschiedlicher Weise[75], und fährt dann fort: »Sie freuen sich also deshalb über den Anblick von Bildern, weil sie beim Betrachten etwas lernen und zu erschließen suchen was ein jedes sei, zum Beispiel, daß diese Gestalt den und den darstelle.« διὰ γὰρ τοῦτο χαίρουσι τὰς εἰκόνας ὁρῶντες, ὅτι συμβαίνει θεωροῦντας μανθάνειν καὶ συλλογίζεσθαι τί ἕκαστον, οἷον ὅτι οὗτος ἐκεῖνος.

Es ist verwunderlich, daß diese Wendung bisher nicht allzuviel Aufmerksamkeit auf sich hat ziehen können. Die *mathesis*, welche die spezifische Freude an mimetischen Darstellungen begründen soll[76],

wird ihrerseits von dem in der Aristotelischen Philosophie hochauf-
geladenen Verb *syllogizesthai* expliziert. Die *mathesis* ist eine Form des
Syllogismus, ein Schluß. Und als solchem kommt ihr eine nicht zu
unterschätzende *philosophische* Relevanz zu.

Wie haben wir uns diesen Syllogismus im Falle der bildenden
Kunst vorzustellen, die Aristoteles ja als Beispiel anführt? Nehmen wir
an, jemand betrachtet eine Vase, auf der Perseus abgebildet ist, wie er
der Medusa den Kopf abschlägt. Der zugegebenermaßen rudimentäre
Syllogismus des Betrachters würde dann lauten: [A] Auf dieser Vase
ist ein Mann zu sehen, der einem Ungeheuer mit Schlangenhaaren
den Kopf abschlägt. [B] Aus der Perseussage ist bekannt, daß Medusa
Schlangenhaare hat, und daß Perseus sie tötete, indem er ihr den Kopf
abschlug. [C] Also ist der dargestellte Mann Perseus, wie er der Medusa
den Kopf abschlägt.

Es ist klar, daß es sich hier nicht um einen Syllogismus *ex anangkes*
handelt, einen Schluß, der nach Meinung des Aristoteles zwingend
und – vorausgesetzt, es handelt sich bei den Prämissen um wahre Aus-
sagen – immer wahr ist.[77] Am nächsten kommt der in Rede stehenden
Gedankenbewegung wohl der unter dem Titel des »Enthymems« analy-
sierte Wahrscheinlichkeitsschluß, der ein Hauptstück der »Rhetorik«
bildet.[78] Dies ist ein Syllogismus, der allein dann konkludent aufgeht,
wenn seinen Prämissen zugestimmt wird. Er ist also, um zu gelten, von
intersubjektiver Anerkennung abhängig, die von der Prozeßsituation, in
der die Aristotelische Rhetorik ihren Ort hat, gefordert ist. Im Falle der
Perseussage betrifft dies hauptsächlich den Untersatz: Um allgemeine
Anerkennung zu finden, müssen sich alle Betrachter der Vase darüber
einig sein, daß es ausschließlich der Perseusmythos ist, in dem von den
abgebildeten Vorkommnissen erzählt wird. Träte jemand aus einem
anderen Land hinzu, in dem derselbe oder ein ähnlicher Mythos mit anderen Namen tradiert würde, wäre der Syllogismus nicht mehr gültig.

Damit erhebt sich die Frage: Gibt es einen »tragischen Syllogismus«?
– Und: Ist es die Katharsis, unter deren Titel wir diesen tragischen
Syllogismus ansetzen dürfen?

Es ist zunächst offenzuhalten, ob ein solcher, in der Rezeption der Tragödie liegender Schluß dieselbe Gestalt haben wird wie derjenige, den wir soeben an der Erfahrung bildender Kunst herausgearbeitet haben. Daß aber überhaupt einige Berechtigung besteht, den im vierten Kapitel vorgetragenen Gedankengang Relevanz für die Tragödie zuzubilligen, erhellt aus zwei Umständen:

Erstens ist mit dem Syllogismus aus Kapitel Vier ein Lernprozeß angesprochen, der Freude bereitet und dadurch die unangenehmen Gefühle, die man ohne die rechte Identifikation des Dargestellten gegebenenfalls empfindet, überwindet.[79] Bei der Tragödie verhält es sich nun formaliter insofern ähnlich, als spezifische Unlustempfindungen – *eleos* und *phobos* – von einer *oikeia hedone*, einer spezifische Freude, abgelöst werden. Das legt es zumindest nahe, auch für die Tragödie einen zwischen diesen Polen vermittelnden Prozeß der *mathesis* anzunehmen.

Zweitens bilden ja alle Künste unter dem Oberbegriff der Mimesis eine Einheit. Im ersten Kapitel der »Poetik« entwickelt Aristoteles eine aufsteigende Folge von »Nachahmungen«, die mit der einfachsten und am leichtesten nachvollziehbaren – der bildenden Kunst – beginnt und mit der komplexesten – dem Drama – aufhört. Mit dieser Komplexitätssteigerung geht einher, daß der Mimesisbegriff zunehmend »ontologischer« wird. Das heißt, er löst sich von der Bedeutung einer Nachahmung einfacher *onta* als *aistheta* ab und enthüllt sich Schritt für Schritt als reflektierte Nachahmung der ontologischen Prozeßstruktur, der *physis*, als welche wir im ersten Teil die tragischen Zusammenfügung der Geschehnisse interpretiert hatten.[80] Das spricht dafür, daß Aristoteles auch dort, wo er von der Wirkung der Kunst handelt, auf dem zwar systematisch tiefsten, aber sinnfälligsten Niveau ansetzt. Der tragische Syllogismus verhielte sich dann zum »bildnerischen« wie die komplexe, »ontologische« Form der Nachahmung zur »ontischen« Form in der bildenden Kunst.

Affekt und rationaler Weltgehalt

Eine Antwort auf die Frage, was die Zuschauer der Tragödie gegebenenfalls lernen, und wodurch sie die unangenehmen Phänomene von *eleos* und *phobos* überwinden, läßt sich nur finden, wenn geklärt wird, was diese Begriffe bedeuten: *Womit* haben die Zuschauer Mitleid? *Wovor* fürchten sie sich?

Indem ich diese Fragen so formuliere, ergreife ich Partei in einer Debatte, die durch Schadewaldt begonnen wurde, und die, wie erwähnt, in Deutschland wenigstens durch die Fuhrmannsche Übersetzung zugunsten ihres Urhebers entschieden zu sein scheint. Ich halte, um es mit einem Wort zu sagen, Schadewaldts Übersetzungsvorschläge »Rührung« (oder »Jammer«) für *eleos* und »Schaudern« für *phobos*[81] für hochgradig irreführend und plädiere mit aller Entschiedenheit dafür, zu den vor allem durch Lessing geprägten Begriffen von Mitleid und Furcht zurückzukehren. Zwar ist Schadewaldt vollkommen darin recht zu geben, wenn er verlangt, daß das Wort *eleos* von allen christlichen Assoziationen freizuhalten sei, die noch seine Verwendung bei dem aufgeklärten Lessing bestimmen. Aber wie Pohlenz bemerkt hat[82], wird nicht nur im Falle des *eleos*, sondern auch in dem des *phobos* das Kind mit dem Bade ausgeschüttet: Der Preis, der für die Aufgabe der Lessingschen Übersetzung an der Sache zu entrichten ist, ist tatsächlich höher, als jedes Festhalten an ihr – gegebenenfalls mit einer erläuternden Fußnote – gekostet hätte. Die Übersetzung der tragischen Affekte durch »Jammer« und »Schaudern« streicht nämlich ein Moment durch, das für die Affektenlehre des Aristoteles schlechterdings fundamental ist: den *Weltbezug*, und damit die immanente *Rationalität* aller Affekte.

In der »Rhetorik« unterscheidet Aristoteles grundsätzlich zwischen drei Aspekten, die bei der Definition jedes Affekts berücksichtigt werden müssen.[83] Sie hat zum ersten die Verfassung desjenigen zu berücksichtigen, der dem jeweiligen Affekt ausgesetzt ist. Dann muß sie beantworten, was für Menschen zu dem in Rede stehenden

Affekt neigen. Und zuletzt hat sie die Gegenstände zu nennen, auf die sich der jeweilige Affekt bezieht. Es läßt sich sofort erkennen, daß die Schadewaldtsche Übersetzung den ersten Aspekt auf Kosten der beiden anderen extrem in den Vordergrund stellt. Das wiegt um so schwerer, als die Affektanalysen der »Rhetorik« dieses Moment gegenüber den beiden anderen *geringer* veranschlagen. Breite Erörterungen über die zu dem jeweiligen *pathos* Inklinierten und über dessen Erregungsgegenstände sind die Regel; mit ihnen verglichen, fällt die eigentliche Empfindungsanalyse in der Regel dürftig aus. Was geschieht hier also? Schadewaldt *phänomenalisiert* die Affekte, man könnte sagen: er entledigt sie ihres In-der-Welt-Seins, das für Aristoteles eine selbstverständliche Voraussetzung ihrer philosophischen Erhellung darstellt. Seine Beschreibung treffen durchaus das Affektphänomen als solches, durch die radikale Abschwächung ihres intentionalen Weltbezugs wird aber der Ansatz der Aristotelischen Affektlehre grundsätzlich verfehlt. Es ist von hier kein weiter Weg zu der ganz unsinnigen, aber symptomatisch aufschlußreichen Deutung der tragischen Affekte des Heideggerschülers Karl-Heinz Volkmann-Schluck, der namentlich die Furcht zum objektlosen Existential stilisiert, zur »reinen [...] Furcht, die Furcht ist und nicht als Furcht«.[84]

Die Motive dieses schwerwiegenden und folgenreichen Eingriffs lassen sich nicht auf philologischem Wege erhellen. Sie haben vielmehr ihre Wurzeln in der Geschichte des neuzeitlichen Nachdenkens über Kunst. Die vorausgegangenen Überlegungen zum Verhältnis von Wahrheits- und Kompensationsästhetik lassen sich mit ihrer Hilfe an einer bestimmten Stelle präzisieren:

Wenn Lessing etwas mit einer von (fast) allen Späteren unterbotenen Klarsicht an der »Poetik« des Aristoteles erkannt hatte, dann war es eben der Weltbezug der Affekte.[85] So stellt sich die Frage, ob es Schadewaldt nicht eher darum zu tun gewesen sein könnte, *ihn* zu tilgen als bloß die christlich-empfindsame Resonanz des Mitleidsbegriffs. Denn Weltbezug heißt zugleich Gesellschaftsbezug. Alle Affektanalysen der »Rhetorik« sind auf das soziale Feld der Polis bezogen; jeder

Affekt nimmt von diesem sozialen Feld seinen Ausgang und setzt sich zu ihm in eine spezifische Beziehung. Dieser gesellschaftliche Gehalt der Affekte wird von Lessing in gewisser Weise noch radikalisiert. Mitleid und Furcht gelten ihm als die Grundbegriffe der affektiven Beziehung zum anderen Menschen und zu sich selbst. Es sind die Gefühle, auf denen Gesellschaft basiert. Vermittels der logischen, in die Sprache der Affekte übersetzten, Elementarverhältnisse von Selbst- und Fremdbeziehung entwirft der Verfasser der »Hamburgischen Dramaturgie« vom Theater aus die bürgerliche Gesellschaft, von der er träumt. Auf dem Zenit der Aufklärung stiftet die Kunsterfahrung ein Gesellschaftsmodell.[86] Es ist hier nicht zu untersuchen, wie ideologisch bestimmt dieses selber war, und inwiefern der ideologische Gehalt auf die Kunsterfahrung zurückschlug. Soviel ist jedoch klar, daß es das innerste Anliegen jeder Kompensationsästhetik ist, ja sein muß, der Kunst die Möglichkeit und den Anspruch eines solchen Gesellschaftsentwurfs zu bestreiten. Deswegen tendiert sie dahin, die Erfahrung von Kunst zu entgegenständlichen, sie zu formalisieren[87] oder, wie in unserem Fall, selbstgenügsam zu pathetisieren. Bereits bei Bernays findet sich der Hinweis auf die »Wonne« eines sich immer weiter steigernden und dadurch objektlos werdenden Mitleids; und er verklärt eine »Furcht [...], welche als ekstatischer Schauder vor dem All zugleich in höchster und ungetrübter Weise hedonisch ist.«[88] Kompensationsästhetisch werden die Affekte zu Selbsterregung: die Übersetzung Schadewaldts macht dies bloß terminologisch dingfest.

Und noch ein weiteres tritt hinzu: Die kompensationsästhetische Phänomenalisierung der Kunsterfahrung tilgt zugleich mit dem Weltbezug die ihr innewohnende Rationalität: damit aber die ästhetische Rationalität insgesamt. Diese geht darauf zurück, daß die *pathe* begründet oder unbegründet sein können. So kann man mit Grund Furcht und Mitleid empfinden; in diesem Fall repräsentieren die Affekte ein ganz vernünftiges Weltverhalten. So heißt es an einer Stelle der »Nikomachischen Ethik« von der Furcht: »einige Übel zu fürchten, ist sogar Pflicht und edel [...] wer sie fürchtet, ist ein ordentlicher und empfindsamer Mensch, wer sie nicht fürchtet, dagegen schamlos.«[89] Mag die Erscheinungsweise der Affekte auch ›pathologisch‹ sein: durch ihren Welt und Gesellschaftsbezug ist in ihnen ein Rationalitätskriterium aufgerichtet, an dem sie zu messen sind. Ob Mitleid und Furcht vernünftig sind oder nicht, hängt daran, ob ihr Gegenstand bei realistischer Einschätzung der objektiven Lage mit seiner subjektiven Wahrnehmung übereinstimmt. Mit anderen Worten: ob er in der Wirklichkeit der Definition genügt, die in Rhet. II 5 und II 8 von ihnen gegeben werden. Ob auch die *katharsis ton pathematon* am Gegenstandsbezug und damit an der potentiellen Rationalität von Furcht und Mitleid ansetzt, läßt sich freilich erst entscheiden, wenn wir von ihm im Falle des *tragischen* Mitleids und der *tragischen* Furcht ein konkretes Bild gewonnen haben.

Das Mitleid mit dem tragischen Helden

Mitleid als »Gefühl für die Not und das Leiden der anderen Menschen«[90] empfindet der Zuschauer mit dem tragischen Helden. Denn dieser ist ja, entsprechend den Vorschriften der »Poetik« nicht ethisch schlecht, sondern nur verblendet und im Schein befangen. Sein Unglück ereilt ihn, in genauer Übereinstimmung mit der Definition des Mitleids in der Rhetorik, »unverdient«.[91] Am deutlichsten gibt wiederum der Idealtyp der »König Ödipus« zu erkennen, welche Vorstellung Aristoteles vom tragischen Mitleid hegte. Der Zuschauer, der den Ausgang des Mythos wenigstens im groben kennt, beobachtet, wie Ödipus unwissentlich in sein Unglück rennt, das er durch alles, was er tut, nur um so sicherer herbeiführt. Aus seinem Wissen um den Ausgang der Geschichte empfindet er Mitleid. Die Voraussetzung des Affekts ist also, um hier auf die Überlegungen des ersten Teils zurückzukommen, Einsicht in die Scheinhaftigkeit des subjektiven *telos*: der geschichtlichen Handlung, die sich zum Schein gegen die Ordnung der *physis* wendet, die sie in Wahrheit demonstriert.

Dieser aus der tragischen Handlung hervorgehende Begriff des Mitleids löst auf der einen Seite zwei Probleme, vor die der Gedankengang der Poetik immer wieder gestellt hat. Erstens wird auch von der Seite der Rezeption einsichtig, warum Aristoteles der komplizierten Tragödie mit Peripetie und Anagnorisis den Vorzug gibt. In dem, was »wider Erwarten«[92], also gegen die Absichten und Vormeinungen der Handelnden eintrifft, tritt genau die soeben beschriebene Situation ein, daß die Zuschauer als Wissende daran teilnehmen, wie der Protagonist unwissentlich in sein Verderben rennt. Zweitens wird dadurch der von Aristoteles bevorzugte Fall impliziert, daß die Tragödie unglücklich endet.[93] In der Kombination von komplizierter Tragödie und unglücklichem Ausgang sind die Bedingungen formuliert, die ein maximales Mitleid erzeugen.

Auf der anderen Seite jedoch stellt diese Interpretation des *eleos* auch vor gewisse Probleme. Sie muß des näheren auf zwei Fragen Antwort geben. Zum einen setzt sie das Wissen des Zuschauers voraus; wie verhält sich das aber zu der Bemerkung, daß »man nicht unbedingt bestrebt sein muß, sich an die überlieferten Stoffe, auf denen die Tragödien beruhen, zu halten«?[94] Und zum anderen ist unklar, inwiefern im Falle eines guten Ausgang der Tragödie, der ja formal mindestens möglich[95] und in der Abhandlung des vierzehnten Kapitel über das Verhältnis von Anagnorisis und Handeln sogar als die »beste Möglichkeit« gefordert wird[96], Mitleid aufzukommen vermag.

Für beide Probleme läßt sich indes wenigstens eine hypothetische Lösung formulieren. Was die von mir vorausgesetzte Kenntnis des Mythos betrifft, ist es zunächst wichtig, sich über den Kontext der zitierten Bemerkung zu verständigen, in der die Notwendigkeit einer solchen Kenntnis in Abrede gestellt wird. Sie findet sich im ersten Teil des neunten Kapitels[97], der der Ausarbeitung und Begründung der These gewidmet ist, »daß es nicht Aufgabe des Dichters ist mitzuteilen, was wirklich geschehen ist, sondern vielmehr, was geschehen könnte, d.h. das nach den Regeln der Wahrscheinlichkeit oder Notwendigkeit Mögliche«: das also, was sich »immer« oder »in den meisten Fällen«

so ereignen wird. Deswegen, so heißt es dann, sei Dichtung etwas Philosophischeres und Ernsthafteres als Geschichtsschreibung; »denn die Dichtung teilt mehr das Allgemeine, die Geschichtsschreibung hingegen das Besondere mit.«

Im folgenden führt Aristoteles einige Argumente an, die diese These stützen sollen. Eines dieser Argumente lautet, daß die Dichtung, anders als die Geschichtsschreibung, »ihren Personen Eigennamen gibt«. Mit ihm hat sich der Verfasser der »Poetik« allerdings selbst ein Problem beschert. Die Dramengattung nämlich, die vorzüglich mit erfundenen Personen operierte, war nicht die Tragödie, sondern die Komödie. Innerhalb der Kunstform des Dramas wäre also noch einmal zwischen Komödie und Tragödie zu unterscheiden; und zwar so, daß die Komödie ihrerseits »philosophischer« wäre als die Tragödie: eben weil sie durch ihrer Praxis der Namensgebung eine größere Selbständigkeit gegenüber der erscheinenden Wirklichkeit an den Tag legt. Dieser Befund steht offenbar den Intentionen des Aristoteles entgegen. Diese nämlich laufen – gleichgültig was man über den verlorengegangenen Komödienteil der »Poetik« spekulieren mag – insgesamt darauf hinaus, die Tragödie als oberstes Paradigma aller *poetike techne* zu nobilitieren, dem gegenüber alle anderen ontologisch abkünftig sind. Dementsprechend ist der Duktus des Kapitels mittelfristig, also bis 1451 b 32, davon geprägt, die drohende Priorisierung der Komödie zu verhindern. Es ist im Rahmen dieser Untersuchung weder möglich noch sinnvoll, die Argumente, die Aristoteles hier aufbietet, im einzelnen zu verfolgen.[98] Wichtig ist allerdings der Hinweis, daß sich der Passus durch ein gewisses argumentatives Überangebot auszeichnet, und daß Aristoteles die entscheidende Auskunft am Schluß bringt. »Nichts hindert«, heißt es da, »daß von dem wirklich Geschehenen manches so beschaffen ist, daß es nach der Wahrscheinlichkeit geschehen könnte«; daß also in der Wirklichkeit selbst Ereignisfolgen anzutreffen sind, die den ontologischen Kern, um dessen Herausarbeitung es der Tragödie zu tun sein soll, näher stehen als andere.

Im Zusammenhang dieser apotropäischen Argumentfolge ist nun jene Bemerkung zu finden, daß es den Tragödiendichtern auch möglich sein sollte, ganz frei zu erfinden, wie dies auch immerhin einmal, im »Antheus« des Agathon geschehen sei. Es handelt sich also angesichts der schmalen Datenbasis eher um eine Ausnahmeregelung, die hier zusätzlich den Sinn hat, zu bekräftigen, daß auch der Tragödie möglich sei, was in der Komödie bereits praktiziert werde. Insgesamt freilich will Aristoteles eher darauf hinaus, daß das Erfinden von Namen zwar ein Indiz für den generellen Allgemeinheitscharakter der Dichtung ist, aber kein Kriterium für den speziellen einzelner Gattungen sein könne: daß es hier nicht auf Namen, sondern auf die Beschaffenheit der Handlung ankomme.

Dennoch haben wir uns der Frage zu stellen, wieweit die Zuschauer angesichts einer solchen Handlung Mitleid empfinden. Der frei erfundenen Tragödie mag innerhalb des gesamten Systementwurfs der »Poetik« kein großer Stellenwert zuzumessen sein: Aristoteles läßt jedoch keinen Zweifel daran, daß auch sie »Vergnügen bereitet« *(euphrainei)*. Das tragische Vergnügen hat aber in welchem Sinne auch immer das Mitleid zur Voraussetzung.

In diesem Zusammenhang ist es nun von Interesse, wie Aristoteles seinen Hinweis, der Tragödiendichter müsse nicht zwingend aus den überlieferten Stoffen schöpfen, begründet. »Ein solches Bestreben«, sagt er, und er meint die rigide Beschränkung auf die tradierten Geschichte, »wäre ja auch lächerlich, das das Bekannte nur wenigen bekannt ist (τὰ γνώριμα ὀλίγοις γνώριμα ἐστίν) und gleichwohl allen Vergnügen bereitet.« Aristoteles hat hier offensichtlich den Sachverhalt im Blick, daß sich wenigstens zu seiner Zeit bei Tragödien, deren Mythos im großen und ganzen bekannt ist, die Mehrzahl der Zuschauer um einiges von dem hier vorausgesetzten Bildungsbürger, der aus Wissen Mitleid empfindet, entfernt findet. Dennoch, so ist aus der Stelle zu folgern, *ahnen* alle oder doch die meisten (aufgrund ihrer Erfahrungen mit anderen Tragödienaufführungen; vor allem jedoch aufgrund des allgemeinen, das heißt typischen und wiederholbaren Charakters der

Handlung), daß ›Unheil in der Luft liegt‹; daß es nicht gut ausgehen kann für den Helden, der von alledem noch nicht einmal etwas ahnt. Ein Indiz für diese Deutung liefert die merkwürdige Doppelung, »daß das Bekannte nur wenigen bekannt ist«. Wieso, so muß man fragen, ist das Bekannte bekannt, wenn es nur wenigen bekannt ist? Man muß, um diese Spannung aufzulösen, innerhalb des *gnorimon*, von dem Aristoteles hier spricht, zwei Aspekte unterscheiden. Der erste, an zweiter Stelle im Text verwendete, meint so etwas wie faktographisches Wissen, Bildungsgut in dem Sinne, daß man den überlieferten Mythos in seinem Ablauf kennt und zu reproduzieren in der Lage ist. Der zweite, an der ersten Stelle im Text verwendete, meint ein ontologisches Wissen jenseits des faktographischen: eine Vertrautheit mit dramatischen Handlungsabläufen, welche Prognosen oder vielleicht nur ein prognostisches Grundgefühl in einem gewissen Umfang ermöglicht. Wenn man, um ein Beispiel aus einer anderen Kunstgattung zu bemühen, mit dem Werk eines Komponisten, vertraut ist, so stellt sich mit der Zeit eine gewisse prognostische Kompetenz auch bei Werken von ihm ein, die man nicht kennt. Ein solches Phänomen hat Aristoteles im Blick, wenn er von einem Wissen spricht, das nur bei dem kleineren Teil des Publikums in ein bewußtes Verfügen übergegangen ist. Und dieses unbewußte Wissen, so möchten wir konjizieren, ist Wissen genug, um den Zuschauer mit den Helden ihm – oder überhaupt – unbekannter Tragödien Mitleid empfinden zu lassen.

Nun zu dem zweiten Problem, das unser Verständnis von *eleos* aufwirft. Es läßt sich in der Frage zusammenfassen, ob der Zuschauer auch bei Tragödien, die gut enden, Mitleid empfindet.

Im vierzehnten Kapitel der »Poetik« entwickelt Aristoteles, der ansonsten ja dem unglücklichen Ausgang der Tragödie den Vorzug gibt, einen solchen Handlungstyp, der zu einem guten Ende hinleitet. Man könnte ihn den »Iphigenie-Typus« nennen, und das Bemerkenswerte, ja scheinbar Unschlüssige besteht darin, daß ihn Aristoteles dem sonst favorisierten »Ödipus-Typus« hier ausdrücklich vorzieht. Die Frage nach dem Mitleid der Zuschauer nimmt in diesem Fall nicht von einer systematischen Marginalie ihren Ausgang, als welche die ganz frei erfundene Tragödie in der »Poetik« bemüht wird, sondern von einem Handlungstyp, der prima vista erhebliches Gewicht hat, auch wenn sein genauer systematischer Ort noch nicht klar ist. Es ist deshalb notwendig, ihn zu bestimmen, bevor wir zur Klärung der Frage übergehen können, an welcher Stelle das Mitleid hier gegebenenfalls ansetzt.

Soweit es die die *systasis ton pragmaton* anbelangt, ist die systematischen Grundunterscheidung, die Aristoteles trifft, die zwischen der einfachen und der komplizierten Handlung, sowie die Bevorzugung der komplizierten Handlung. Das zeigt sich unter anderem daran, daß diese Grundunterscheidung auch dort in Wirkung tritt, wo scheinbar von ganz anderen Dingen die Rede ist. So läuft die Typologie des Charakters in Kapitel 13 darauf hinaus, *dem* Charakter einen begründeten Vorzug zu geben, der den komplizierten Handlungstyp, das heißt die ›Dialektik‹ von Schein und Wahrheit in sich reproduziert. Die Intention dieses Kapitels wäre nicht unzutreffend damit beschrieben, die Grundunterscheidung gleichsam noch einmal zu generieren, und zwar aus dem systematischen Blickwinkel des *ethos*. Ganz ähnlich verhält es sich auch im vierzehnten Kapitel. Und zwar stehen hier die Kriterien auf dem Prüfstand, die *selbst* die Unterscheidung von einfacher und komplizierter Handlung begründen: nämlich Wissen und Handeln. Denn vom Wissen des Protagonisten um das *telos* der gesamten Handlung hängt es ab, ob es zum vollen Konflikt von Sein und Schein und ihrer einseitig ›dialektischen‹ Vermittlung, mithin zur komplizierten Tragödie kommt.

Das Verhältnis von Wissen und Handeln kann vier Kombinationsgestalten annehmen. Daß in diesen wiederum die Grundentscheidung von einfacher und komplizierter Tragödie weiterwirkt, läßt sich daran erkennen, daß sich die ersten beiden unter dem Typus der einfachen, die letzten beiden unter dem Typus der komplizierten Tragödie subsumieren lassen.[99]

(1) Die Handlung wird wissentlich beabsichtigt und aus letztlich kontingenten Gründen (weil der Held sich ohne erkennbares Motiv

umentscheidet, oder ähnliches) nicht ausgeführt. Aristoteles hält diese nur ausnahmsweise vorkommende Möglichkeit für die »schlechteste«, weil sie *apathes*[100] sei. Das heißt, sie erzeugt nicht die der Tragödie eigentümlichen Affekte.

(2) Die Handlung wird wissentlich beabsichtigt und durchgeführt. Dies entspricht am klarsten dem Typus der einfachen Tragödie. Aristoteles nennt hier die »Medea« des Euripides als Beispiel, die einen einzigen, ununterbrochenen Handlungsbogen zur Darstellung bringt.

(3) Der Protagonist führt die Tat ohne Einsicht aus und erlangt Einsicht, nachdem er sie ausgeführt hat. Das ist der Fall beim »König Ödipus«, der durch sein eigenes Handeln die Einsicht erlangt *(anagnorisai)*, daß er der Mörder seines Vaters und der Ehemann seiner Mutter ist. Die Tat, welche hier den Gegenstand der Erkenntnis bildet, ist bereits geschehen, ja bei Sophokles liegt sie »außerhalb der Bühnenhandlung«.

(4) Der oder die Handelnden erlangen Einsicht in den wahren Charakter und die Folgen ihres Tuns, *bevor* die Handlung ausgeführt wird. So stehen sie ab von ihr – wie Iphigenie ihren Bruder natürlich nicht tötet, nachdem sie ihn erkannt hat –, und die Tragödie geht gut aus.

Warum bezeichnet Aristoteles diesen vierten Fall als den *besten* und *wirksamsten (krátiston)*? Und inwiefern ist man hier gehalten, Mitleid zu empfinden?

Der vierte Handlungstyp entspricht einer Tragödie, die ganz und gar auf das Phänomen der Anagnorisis gestellt ist. Diese hat ein solches Gewicht, daß sie handlungsrelevant zu werden vermag. Das heißt: Im »Ödipus« ist die Anagnorisis einzig und allein Funktion der Handlung. In der »Iphigenie« hingegen ist die Handlung wenigstens partiell eine Funktion der Anagnorisis. Das heißt sie geht aus der Handlung hervor, setzt aber eine unerwartete Handlungsperspektive frei. Damit vollzieht sich *im* Stück, was *aus* ihm gelernt werden soll. Der Fall, den Aristoteles hier in den Blick nimmt, berührt sich mit der tragischen *mathesis*. In der Anagnorisis, wie sie hier verstanden ist, treibt die tragische Form gleichsam über sich selbst hinaus und integriert einen Aspekt des als Wirkung Beabsichtigten in den Handlungsverlauf. Die Tragödien, die aus ihrer eigenen Logik, und das heißt: aus einer immanent herbeigeführten Anagnorisis (nicht durch einen *deus ex machina* oder eine sonstige spontane Umwendung) eine Änderung der ursprünglichen Handlungsabsichten erwirken und deswegen gut enden, stehen zugleich innerhalb und außerhalb der strengen Systematik der tragischen Form. Denn sie führen einen Aspekt der komplizierten Tragödie – die Anagnorisis – so durch, daß aus der Erkenntnis eines Geschehenen zugleich eine Erkenntnis des zu Tuenden hervorgeht. Damit wird die Moral *von* der Geschichte *in* ihr dargestellt. Rein aus der Logik der Form ist den Tragödien, die unglücklich enden, der Vorzug zu geben. Dieselbe Logik der Form enthält aber ein Moment, das über die Form hinaus auf die Wirkung verweist und deswegen unter bestimmten Voraussetzungen jene Formvorschrift außer Kraft zu setzen vermag und ein durch Wissen verändertes Handeln als den wirkungsvollsten Geschehensverlauf erscheinen läßt.

Dies ist zugegebenermaßen ein spekulativer Vorschlag. Wenn er allerdings stimmen sollte, hätten wir einen überraschenden Beleg für unsere Ausgangsthese gefunden, daß sich Form und Wirkung in der der Aristotelischen »Poetik« nicht polar gegenüberstehen, sondern die nur unterschiedlich akzentuierten Erscheinungsaspekte eines einheitlich konzipierten Gesamtprozesses darstellen. Hier können wir diese Hypothese insofern präzisieren, als Aristoteles selbst auf einen Fall zu sprechen kommt, in dem Form und Wirkung real ineinander diffundieren. Wenigstens die Wirkung wird hier ein Stück weit zum Bestandteil der Form. Wenn es damit aber im Ansatz seine Richtigkeit hat, wären alle diejenigen im Unrecht, die die tragische Katharsis *entweder* nur auf die Wirkung einschränken (Lessing und das Heer seiner Nachfolger, zu denen in diesem Falle auch Bernays zählt) *oder* nur auf die tragische Form (Goethe und die wenigen, die sich ihm anschlossen[101]). Und das sind, soweit ich sehe, ohne Ausnahme *alle* neuzeitlichen Interpreten der »Poetik«.

Für den Augenblick haben wir uns allerdings mit der zweiten Frage zu beschäftigen: Inwiefern empfindet der Zuschauer bei einer Tragödie vom Iphigenietyp Mitleid? Auch hier scheint mir an einer hypothetischen Antwort kein Weg vorbeizuführen. So nämlich, wie in solchen Tragödie die Wirkung in gewisser Weise zum Bestandteil der Form wird, wird die Form in einer bestimmten Weise Bestandteil der Wirkung. Der Zuschauer ist sich zwar nicht wie Iphigenie und Orest über den weiteren Verlauf der Handlung gänzlich im unklaren; dennoch aber kann er sich nicht ganz sicher sein, daß sich Bruder und Schwester wirklich erkennen werden, und daß auch nach der Wiedererkennung das Stück nicht in einer Katastrophe endet. Die Bemerkung, »daß das Bekannte nur wenigen bekannt ist«, können wir auch hier als Hilfsargument heranziehen. Wichtiger scheint mir allerdings, daß das Wissen um einen schlechten Ausgang generell ungefährdeter gewesen sein dürfte als das um einen guten Ausgang. Weil die Zuschauer nicht überzeugt waren (und es vielleicht auch nicht wollten), daß die Geschichte, die sie da vor sich aufgeführt sahen, wirklich so glücklich sich beschließen würde, wie sie es einigermaßen vage in Erinnerung hatten, zittern sie mit den Protagonisten, wie dem Geschwisterpaar, und empfinden Mitleid mit ihnen aufgrund der nicht auszuschließenden Möglichkeit, daß sie sich nicht wiedererkennen, oder daß ihre Wiedererkennung dennoch nicht zu einem guten Ende führt. Es wird sicherlich schwächer ausfallen als im »Ödipus«, wo das Unheil feststeht. Aber das Mitleid ist auch nur *ein* Faktor im Gesamtgefüge der tragischen Wirkung und die Schwächung der Affektstärke mochte dem Aristoteles durch eine gewisse Aufwertung der auf eine *mathesis* hinführenden Handlungselemente ausgeglichen geschienen haben. – Unter gewissen Einschränkungen und Abschwächungen läßt sich also an der Deutung von *eleos*, die wir zu Beginn dieses Abschnitts vorstellten, festhalten, – Einschränkungen und Abschwächungen, die sich notwendig aus dem idealtypischen Charakter der systematischen Anlage der »Poetik« ergeben.

Die Furcht um sich

Ist das Mitleid nach Aristotelischen Verständnis nichts anderes als die Furcht um einen anderen Menschen, der das ihm drohende Unglück nicht verdient, so bezeichnet *phobos* demgegenüber die Furcht des Zuschauers um sich. Lessing hat das mit größerer Prägnanz als die meisten nach ihm gesehen.[102] In der »Rhetorik« definiert Aristoteles: »Es sei also die Furcht eine gewisse Empfindung von Unlust und ein beunruhigendes Gefühl, hervorgegangen aus der Vorstellung eines bevorstehenden Übels, das entweder verderblich oder doch schmerzhaft ist.« Er präzisiert kurz darauf, daß es sich um ein nahe bevorstehendes Übel handeln muß.[103] Was könnte das für die Rezeption der Tragödie bedeuten? Die Zuschauer, die sich fürchten, übertragen das auf der Bühne dargestellte Geschehen auf die eigene Situation. Daher die Forderung, der tragische Held müsse, um die nötige Furcht zu erzeugen, uns »ähnlich« (ὅμοιον) sein.[104] Die Zuschauer bekommen Angst um sich und um den Lebenszusammenhang ihrer Polis, weil sie sich mit dem Helden, den Helden mit sich identifizieren. Der Naturzusammenhang nämlich, in den der aufbegehrende Heros durch sein Aufbegehren zurücksinkt, manifestiert sich in der Tragödie und in der Wahrnehmung der Zuschauer als der politische Zusammenhang, in dem sie leben. Aristoteles faßt die Gesellschaft als zweite Natur im wörtlichen Sinn auf. Die *physis* des Menschen ist der Staat, die Polis als Realausdruck menschlichen Daseins, in dem sich sein Wesen erfüllt. Die nicht bloß familiale oder tribale, sondern politische Gemeinschaft bezeichnet das substantiell Allgemeine menschlichen Lebens; daher selbst den Lebenskern des *zoon*, das die Menschen sind. Aus diesem Grund spricht Aristoteles, was zu seiner Zeit nicht üblich war, von der Polis in Analogie zu einem Lebewesen.[105] Vor diesem »Lebewesen« empfindet der Zuschauer Furcht. Er trägt Sorge, selbst oder in Gestalt seiner politischen Führer mit dem Allgemeinen, der *physis*-Ordnung als politischer Naturordnung in Konflikt zu geraten oder schon geraten zu sein, ohne es zu wissen –: sich also selbst in der Situation des tragischen

Protagonisten zu befinden, der zum Wohle des Allgemeinen in sein Verderben rennt.

Wie kommen die, die an der tragischen Aufführung teilnehmen, auf diesen Gedanken? Die Tragödientheorie des Aristoteles reicht in diesem Punkt durchaus in die Erfahrungen des fünften Jahrhunderts zurück, aus denen die athenische Tragödie hervorging und ihre kurze historische Blüte erlebte. Es sind Gründe dafür dargelegt worden, daß die »Poetik« auf älteren Überlegungen zur Tragödie aufbaut, die mutmaßlich in dem Satz zentrierten, daß sie Furcht und Mitleid errege.[106] Auch die erhaltenen Tragödien lehren, daß die Furcht davor, in Hybris und Verblendung gegen das Gesetz des Allgemeinen zu verstoßen (Gesetz der Götter, des Staates, der Natur), einer der wirkungsvollsten Bestandteile der tragischen Darstellungen gewesen sein dürfte. Zu einem Teil ist der Chor ein Sprachrohr dieser Furcht. Aber auch der Umstand, daß etwa Sophokles den »König Ödipus«, der mit der Pest in Theben beginnt, zu einem Zeitpunkt zur Aufführung brachte, in dem die Erinnerung an die athenische Pest während des peleponnesischen Krieges noch frisch war[107], gibt zu bedenken, daß die tragische Furcht etwas mit der Verfassung der eigenen Polis zu tun hatte und daß sie nicht einfach so mitlief, sondern von den Tragödiendichtern kalkuliert erzeugt wurde.

Verständlich werden sie und die Notwendigkeit ihrer tragischen Beschwichtigung vor dem Hintergrund der politischen Entwicklungen des fünften Jahrhunderts. Nicht nur bei den konkurrierenden Staaten erregten die außerordentlich ausgreifenden politischen Unternehmungen der Athener Unruhe. Die Karriere des zuvor wenig bedeutenden Stadtstaates, die imperialistische Ausdehnung seiner Macht, die Schaffung eines einheitlichen politischen Raumes, die Entstehung eines politischen Geschichtsbewußtseins; dies verbunden mit der Einsicht, daß der eigene Staat keine unmittelbar naturwüchsige Ordnung (ausgehend von der Macht einer Person, einer Familie) mehr darstelle, sondern ein artifizielles, ›noematisches‹ Gebilde – dies alles mochte auch in der athenischen Bevölkerung die Angst schüren, man könnte sich übernommen haben, Angst vor politischen Fehlern, vor möglicher Hybris, vor einer Wendung des eigenen Schicksals, die dem ein oder anderen nicht ganz unbegründet scheinen mochten. Die Entwicklungen ab 430 taten dann ein übriges, diese Befürchtungen zu bestätigen. Auf diese kollektive Anspannung reagierte die Tragödie, und zwar in sehr komplexer Weise. Auf der einen Seite dürfte es mit zum Inventar ihrer Wirkung gezählt haben, die Bürger vor den Folgen eines Handelns zu warnen, das einen individuellen Selbstzweck an die Stelle des »Allgemeinen« setzt, auch und gerade wenn der Handelnde der Überzeugung ist, den Sinn des politischen Gemeinwesens durch sein Handeln zu erfüllen. Das ist der konservative Aspekt, der sich in vielen Tragödien findet. Der Heros wird hier zum Sündenbock. Sein Opfer geht mit der dringenden Aufforderung einher, alles zu vermeiden, wodurch man in eine Schicksalsnähe zu ihm geraten könnte.

Auf der anderen Seite jedoch begnügen sich viele Tragödien nicht mit diesem konservativen Aspekt. Er wird vielmehr gebrochen dadurch, daß sie alternative Handlungsverläufe in Erwägung ziehen. Im Zögern vor der Tat wie in den »Choephoren« des Aischylos; in einer sie nachträglich in Frage stellenden Reflexion wie in den berühmten Versen 921ff. der »Antigone«; in Darstellungen, in denen das Gewebe des Schicksals fadenscheinig zu werden beginnt und einen Untergrund purer Kontingenz offenbart (wie in dem, was in demselben Stück nach einem Auftritt des Teiresias geschieht); in Dialogen, die fast nur aus Mißverständnissen und einem isolierten Aneinandervorbeireden bestehen, wie im Gespräch zwischen Ödipus und Teiresias im »König Ödipus« – in all dem wird die Frage gestellt: Was wäre wenn ...?, und ein anderes Handeln als das tragische bei aller Verstricktheit in Betracht gezogen.[108]

Dieser progressive Aspekt der Tragödie wird von Aristoteles systematisch ausgeblendet. Daß er so unzweideutig für die konservative Ansicht optiert, hängt auch damit zusammen, daß die historische Situation sich seit der Mitte des fünften Jahrhunderts stark verändert hatte.[109] Das athenische Reich war verloren und die neuen Mächte begannen sich zu formieren. Die Zeit zwischen dem Tod des Sokrates (399 v. Chr.), der selber schon von einer innerstaatlichen Krise zeugte, und dem Aufstieg des makedonischen Reiches (ab 359), war von der zunehmenden Ohnmacht und Zersplitterung der griechischen Stadtstaaten bestimmt. Ganz gleich, welche überregionale Macht das Geschehen dominierte – eine Zeitlang war es das persische Reich und in seinem Gefolge Sparta; daran schloß sich eine kurze Blüte thebanischer Macht –: die Verlierer waren in jedem Fall die *poleis* als politisch selbständige Subjekte. Der sogenannte Königsfriede mit Persien (386) garantierte den Städten ihre Autonomie; tatsächlich verbarg sich dahinter die Aufspaltung in ohnmächtige Zwergstaaten. In den Auseinandersetzungen zwischen Sparta und Theben und Theben, die in den Schlachten von Leuktra (371) und Mantineia (362) gipfelten und in einem Zustand wechselseitiger Erschöpfung und Ausblutung zu Ende gingen, setzte sich dieser Prozeß fort. »Mit den hellenischen Hegemoniebildungen ist es nun [nach Mantineia] zu Ende. Die Polis hatte es nicht vermocht, aus sich heraus die Kräfte zu entwickeln, deren Griechenland zur Neuordnung seiner staatlichen, sozialen und wirtschaftlichen Verhältnisse so dringend bedurfte.«[110]

Nicht die allenfalls hybride Blüte der Polis, sondern Krise und Niedergang bilden die Erfahrungsgrundlage der politischen Philosophie des Aristoteles. Es ist für den modernen Leser der »Politik« befremdlich, mit welcher Mannigfaltigkeit von Staats- und Regierungsformen der Verfasser es zu tun hatte. Alle *poleis*, dem Umfang nach mittlere Kleinstädte, hatten ihre eigene Verfassung und wurde auf durchaus individuelle Weise regiert. Zwischen den Grundformen Tyrannis, Oligarchie und Demokratie gab es zahlreiche Übergangsformen, deren systematische Einordnung und Bewertung dem Verfasser der »Politik« sichtlich Schwierigkeiten bereitet. (Auf diese Situation ist die ungeheure Materialsammlung der Aristotelischen Verfassungsschriften zurückzuführen, von denen sich allein die »Verfassung der Athener« erhalten hat.) Hinzu tritt, daß Umstürze und gewaltsame Revolutionen in diesen Gebilden offenbar an der Tagesordnung waren.

Aus dem Fond dieser Erfahrung erhebt sich die Aristotelische Intention, den Begriff eines Staates zu entwickeln, der sich vor allem durch Stabilität auszeichnet. Abgelehnt wird jede Idee eines sich wandelnden Allgemeinen, die im Begriff der Verfassungs-, ja sogar der Gesetzesänderung liegt. Wie schon bei Platon, anders jedoch als in den Tragödien des fünften Jahrhunderts, ist dieses politische Programm kontrafaktisch angelegt. Wie die meisten restaurativ inspirierten Utopien erscheint er restriktiver als das vergangene Urbild, auf das es sich implizit oder explizit beruft. Die Tragödie waren mit realgeschichtlichen Konflikten konfrontiert, die immer wieder nach einer neuen Lösung verlangten. Auf dem Höhepunkt ihrer Macht öffnet sich der *polis* ein beträchtlicher Handlungsspielraum. Ihn spiegelt nicht zuletzt der jedes Jahr von neuem ausgetragene Agon der tragischen Dichtungen wieder. – Für derlei Varietät war die Empfindlichkeit zu Lebzeiten des Aristoteles geschwunden. Die grundsätzliche Krise der Polis ließ allein eine simplere Programmatik, der rasante Wandel ein Festhalten am Beständigen überlebensfähig erscheinen.

Die Identifikation mit der politischen Schicksalsordnung

Die »Poetik« ist ein Korrolar dieser politischen Intention. Platon verwarf die Tragödie aus seinem Idealstaat, weil sie seiner rationalen Organisation widersprach und die von ihr ausgelösten Affekte seine Stabilität hätten gefährden können.[111] Auch die Aristotelische Intention zielt auf den Erhalt des Staates. Zu diesem Zweck wird die Tragödie nicht nur – nolens volens – dem staatlichen Leben integriert. Sie wird vielmehr selbst zum mächtigen Mittel, das der Durchsetzung der Staatsidee dient. Das Mitleid führt nicht als Sympathie mit dem Einzelnen zum Protest gegen das Allgemeine, das ihn beherrscht. Es löst vielmehr die Furcht *vor* ihm aus, die die Identifikation *mit* ihm zur Folge haben sollen. Nichts anderes als solche Identifikation ist der Sinn der Katharsis. Sie ist zentriert um die Einsicht, daß das unverdiente Leiden im Interesse des Ganzen doch gerecht ist. Aus dieser Sicht geht jede Tragödie gut aus, wenn man sich nur in eigener Person den Forderungen des Schicksals unterwirft. Das bedeutet, daß man die Ausstoßung des Heros – »ein wildes Tier oder Gott«[112] – aus der Gemeinschaft begrüßt. *Sinn der Katharsis ist die Disziplinierung der Zuschauer zum Zwecke des Staatserhalts.*[113] Sie befreit von der Furcht und dem Mitleid, weil sie den *Grund* dieser Affekte in der Seele des Zuschauers tilgt – jede Regung eines Versuchs, ein eigenes *telos* gegen das des Allgemeinen zu stellen, handelnd selbst die politische Initiative zu ergreifen. Sie wird ausgestoßen wie der tragische Held oder – wenn die Tragödie gut ausgeht – zumindest das in ihm, das gegen die Regeln des Allgemeinen verstößt. Was wider den Stachel lökt, wird seelisch exkommuniziert.

Deswegen macht es zuletzt keinen Unterschied mehr, ob man die Katharsis auf die Handlung und die Wirkung bezieht; die Disjunktion zwischen Lessings und Goethes Ansatz ist selbst ein Modernismus. Denn in beiden Sphären vollzieht sich dasselbe Prozeßgeschehen, gleichsam von einer anderen Seite betrachtet. Sie diffundieren ineinander.[114] Nicht so sehr handelt es um eine ekstatische Verschmelzung des Zuschauers mit dem tragischen Helden, wie Nietzsche der historischen Tragödie entnehmen zu können glaubte; eher um eine schichtweise, konzentrische Umeinanderlagerung von Heros, Chor, Zuschauern, Polis, die alle auf das gemeinsame Zentrum, das Sein als rationales Schicksal, verweisen. –

Dieser Begriff der Katharsis – zusammenfallend mit einer bestimmten Form politischer Vernunft – hat nun tatsächlich die Form eines *Syllogismus*, genauer: eines Wahrscheinlichkeitsschlusses durch ein Beispiel, wie ihn die »Rhetorik« exponiert.[115] Damit entspricht sie der im vierten Kapitel der »Poetik« geforderten Form ästhetischer Erkenntnis, die als solche zugleich die ästhetische Lust vermittelt. Im Falle der Tragödie hat er die Gestalt, daß [A] ein – in der Regel – zeitlich und räumlich entferntes – Geschehen auf der Bühne beobachtet wird; [B] dieses Geschehen zur eigenen politischen Situation in Beziehung gesetzt wird; und [C] daraus die erkenntnishafte Konsequenz gezogen wird, die die Tragödien auf immer wieder andere Weisen nahelegen: »*was die polis ist*« – die politische Ordnung als Schicksalszusammenhang. Die tragischen Affekte sind gewissermaßen das Schmiermittel, durch das die beiden Vordersätze ineinandergreifen; die Katharsis ist dagegen die von ihnen erzwungene Einsicht, die zur Konklusion führt und durch die man der Affekte ledig wird; im Freisein von ihnen besteht wiederum die tragische *hedone*.

Der Genitiv *katharsis pathematon* ist offenbar, wie dies von Bernays an immer wieder gesagt worden ist, ein seperativus. Allerdings nicht im Sinne einer Entladung und sexuell grundierten Abfuhr. Die Bewegung vollzieht sich durch eine hinzutretende Einsicht, die allerdings von den Affekten so wenig abhängig ist, daß sie allererst von ihnen herbeigeführt worden ist. Die tragischen Affekte verweisen unabdinglich auf die tragische Katharsis, ohne sie selbst schon zu sein. Deswegen kann ihr Begriff im erhaltenen Text der »Poetik« nur an einer einzigen – jener hochprominenten – Stelle fallen[116], wohingegen *eleos* und *phobos* sehr viel öfters erwähnt werden. Daß ihnen deshalb keine Bedeutung beizumessen sei[117], ist aufgrund seiner die Tragödiendefinition abschließenden Stellung wenig plausibel. Eher spricht es dafür, daß es systematisch ein transzendentes Implikat der tragischen Affekte darstellt.

So gesehen, macht sogar die Konstruktion eines objektiven Genitivs Sinn. Denn wie das eigenwillige *telos* des tragischen Helden zum Mittel für das eigentliche *telos* des ganzen Geschehens herabgesetzt wird, sind die Affekte dem Aristoteles zufolge das notwendige Mittel zur Befreiung von ihnen. Die Befreiung *von* ihnen ist aber zugleich das Wesen, *zu* dem sie befreit werden. Nichts anderes liegt im Sinn der *steresis* als Negation. Die Affekte sind selbst ein Schein, der durch sein eigenes Fortschreiten »aufgehoben« wird. Die Reinigung von Mitleid und Furcht koinzidiert nicht in Wirklichkeit (hier werden sie als Fremdkörper ausgeschieden), aber nach dem Selbstverständnis des Aristoteles damit, daß sie selbst gereinigt, das heißt von ihrer Eigenständigkeit befreit werden. Sie sind selber das »Noch-nicht«, die *steresis* des rationalen Seelenzustandes, der mit der rationalen Ordnung der Polis zusammenfällt. So gehört es zur genuin aristotelischen Ideologie des in Ansatz gebrachten »tragischen« Seelenprozesses, daß zwischen Ausscheidung und Reinigung im Sinne von Läuterung nicht unterschieden wird. Scheinhaft sind die Affekte wie das *telos* des tragischen Helden; *als* Schein haben sie aber an der Wahrheit über sie selbst teil.

Philosophische und nichtphilosophische Katharsis

Katharsis als Einsicht in die politische Ordnung als *physis*-Zusammenhang – eine Einsicht, die von der trügerischen und affektiven Identifikation mit dem Einzelschicksal zugunsten der rationalen Identifikation mit dem Gesamtschicksal befreit –: die Annahme, daß dies für den einfachen, philosophisch ungebildeten Zuschauer eine Rolle gespielt haben könnte, mag vielleicht etwas verstiegen erscheinen. Bei ihm vollzieht sich ja die Katharsis eher in Analogie zum musikalischen oder medizinischen Prozeß, wo ein positives Resultat eine geringere Rolle spielt.[118] Indessen hat die hier vorgeschlagene Interpretation, nach der ein Lernvorgang den idealtypischen Kern des kathartischen Prozesses darstellt, den Vorzug, gewissermaßen abwärtskompatibel zu sein. Es ist dem politischen Pragmatiker Aristoteles nämlich höchst gleichgültig, ob die kathartische Erkenntnis sich bewußt oder unbewußt vollzieht. Es genügt ihm, daß überhaupt eine *mathesis* stattfindet, die in der Unterwerfung unter die Staatsräson praktisch terminiert und sich subjektiv in der Befreiung von Furcht und Mitleid bekundet. Die Exkommunikation des Einzelnen und seiner Handlungsinitiative und die Exkommunikation der Gefühle, die ihn daran teilnehmen lassen, sind für Aristoteles schon an sich rationaler Prozeß: es ist der Prozeß der Rationalität selbst. Wieweit sie sich im Bewußtsein des einzelnen Staatsbürger geltend macht, ist demgegenüber zweitrangig. So, wie der tragische Held die rationale Prozeßstruktur der *physis* als irrationales Verhängnis erfährt (und damit natürlich vollkommen im Recht ist), vermag die psychische Repräsentanz dieses Verhängnisses die Zuschauer affektiv überwältigen, ohne daß der Rationalität des Grundprozesses damit Eintrag geschähe. So kann sich die kathartische Erkenntnis als objektives Geschehen subjektiv durchaus als Abfuhr vollziehen, ohne daß es im Wesen eine Abfuhr wäre.

An einer Stelle, im vierten Kapitel der »Poetik«, nimmt Aristoteles einen weiteren Aspekt der unterschiedlichen Reaktionsweisen auf die Tragödien in den Blick. Es heißt hier: »Das Lernen [das *manthanein*, das wie wir sahen, in jeder ästhetischen Erfahrung mehr oder weniger offenkundig eine Rolle spielt] bereitet nicht nur den Philosophen größtes Vergnügen, sondern in ähnlicher Weise auch den übrigen Menschen, diese aber haben nur kurze Zeit Anteil daran.«[119]

Was bedeutet die Unterscheidung? Sie kann sich zum einen darauf beziehen, daß die *alloi* nur in ihrer Jugendzeit etwas lernen, die *philosophoi* hingegen ein ganzes Leben lang. Weil Aristoteles aber im nächsten Satz, in der dritten Person Plural, die sich offenbar auf beide zuvor genannten Subjekte (die Philosophen und die anderen Menschen) bezieht, damit fortfährt, die mit dem ästhetischen Syllogismus verbundene Freude zu explizieren, die jedermann – und man darf wohl konjizieren: zu jeder Zeit – an bildlichen Darstellungen hat, scheidet diese erste Möglichkeit praktisch aus. So bleibt die zweite: daß die Philosophen durch ihr Lernen eine haltbare und dauerhafte Erkenntnis gewinnen, während sie bei den anderen Menschen nur kurze Zeit haften bleibt und dann wieder vergeht.

Macht man die Probe auf die Tragödie und die aus ihr hervorgehende Erkenntnis, so ergibt diese zweite Interpretationsmöglichkeit einen guten Sinn. Die einfachen Leute – Handwerker, Bauern: alle nicht zur intellektuellen Elite zählenden Vollbürger – lernen, sich der Staatsräson zu unterwerfen. Aber sie lernen nicht, *warum*. Deswegen ist ihrer *mathesis* keine Dauer beschieden. Weil ihnen, anders als dem Philosophen, der Grund des vernünftigen Verhaltens, das ontologische Prozeßgesetz der *physis*, nicht durchsichtig ist, werden sie immer wieder in Furcht und Mitleid verfallen, die im Zusammenhang der tragischen Wirkung ein potentielles Abweichen von den staatlich sanktionierten Normen indizieren. Die kathartische Erkenntnis setzt sich in ihnen nicht fort. Sie werden rückfällig, und ihre »verbogenen Seelen«[120] müssen immer wieder aufs neue begradigt werden. Der Philosoph hingegen, dem die politische Einsicht auf ihren ontologischen Grund hin durchsichtig ist, hat das nicht nötig. Er ist im bleibenden Besitz der kathartischen Erkenntnis; daß er von den tragischen Affekten so getroffen wird wie die anderen Menschen, ist daher zu bezweifeln. Aber die Tragödie ist nicht für ihn, sondern für die breite Masse gedacht. Wenn sich an ihr auch affektiv eine *mathesis* vollzieht, so bleibt nicht anderes übrig, als sie ihr immer wieder einzuschärfen, um die ungestörte ideelle Selbstreproduktion der Polis sicherzustellen.

Die Poetik als Entwurf einer ›transzendenzlosen Tragik‹

So stehen in der Aristotelischen »Poetik« Wahrheits- und Kompensationsästhetik letztlich pari passu. Genauer, sie meinen dasselbe. Seinen Grund hat das in der Nichtunterscheidung von Staat und Gesellschaft, die für die Aristotelische Philosophie kennzeichnend ist. Das heißt, diese Philosophie erkennt keine Differenz zwischen der gesellschaftlichen gesetzten Herrschaft und einem Anspruch der Natur innerhalb der Gesellschaft an. An dieser Differenz tritt aber das Auseinander von Wahrheits- und Kompensationsästhetik erst hervor. Ohne die Grunderfahrung der Neuzeit, daß die staatliche Herrschaft, die in der Gesellschaft ausgeübt wird, nicht allein eine Erfüllung, sondern auch eine Entfremdung menschlichen Wesens darstellt, sind die ästhetischen Entwürfe einer Wahrheit der Kunst gegen die gesellschaftliche Herrschaft wie einer Entlastung von ihren als notwendig anerkannten Gestehungskosten, uneinsichtig. Beiden Positionen ist gemeinsam, daß Herrschaft als Negativum einbekannt wird. Von dieser Voraussetzung findet sich im politischen Denken des Aristoteles keine Spur. Ihm liegt ein affirmativer Herrschaftsbegriff zugrunde, nach dem im Staat als dem realen Inbegriff gesellschaftlicher Herrschaft die Bestimmung menschlichen Daseins zu sich gelangt: das also, was ihr dient, zu seiner eigenen Verwesentlichung beiträgt. Es ist also, um einen Ausdruck Karl Jaspers' aufzugreifen, eine »transzendenzlose Tragik«, deren Modell Aristoteles entwirft. Transzendenzlos, das heißt alternativlos ist die tragische Handlung; transzendenzlos, weil die Affekte unterdrückend, ist die tragische Wirkung; transzendenzlos ist die Vorstellung der Polis als einer organischen Totalität, die den offenen Möglichkeitsraum politischen Handelns nicht kennt, sondern Geschichte allein als identische Selbstreproduktion des *eidos* ins Auge zu fassen vermag. Die tragische Handlung, der Affektprozeß und die Selbsterhaltung der Polis sind Aspekte ein und desselben Geschehens. Konzentrisch sind sie um das ontologische Zentrum, der in sich dynamische Begriff des Seins als *physis* angeordnet. Es ist ein System, das einen Realkonflikt an keiner Stelle zuläßt, das jedes »Außen« tilgt und den Anspruch geschichtlicher Zeit je schon vom Schicksal, Natur als gesellschaftlichem Zwang, aufgehoben sein läßt.

Nachbemerkung

Es übersteigt bei weitem die Möglichkeiten der hier vorgelegten Aristoteles-Interpretation, mehr als hindeutend anhand der uns überlieferten Tragödien den Nachweis zu führen, wo und in welcher Weise der Verfasser der »Poetik« hinter die Ansätze eines genuin tragischen Geschichtsdenkens zurückfällt. Wir mußten uns an dieser Stelle mit einigen programmatischen Hinweisen begnügen. Indessen findet sich in der »Poetik« selbst eine Stelle, an der so etwas wie ein Widerstand der Sache durchbricht und die Aristotelischen Kategorien sich eigentümlich verwirren. Und zwar tun sie das so, daß sie die Generalthesis des Traktats – Einheit, Ganzheit und Abgeschlossenheit der Handlung – in spezifischer Weise in Frage stellen. Hier dringt ein Stück echt tragischer Reflexion in das geschlossene ontologische System der »Poetik« ein:

»Jede Tragödie besteht aus Verknüpfung und Lösung. Die Verknüpfung umfaßt gewöhnlich die Vorgeschichte und einen Teil der Bühnenhandlung, die Lösung den Rest. Unter Verknüpfung verstehe ich den Abschnitt vom Anfang bis zu dem Teil, der der Wende ins Glück oder ins Unglück unmittelbar vorausgeht, unter Lösung den Abschnitt vom Anfang der Wende bis hin zum Schluß.«[121] Ἔστι δὲ πάσης τραγῳδίας τὸ μὲν δέσις τὸ δὲ λύσις, τὰ μὲν ἔξωθεν καὶ ἔνια τῶν ἔσοθεν πολλάκις ἡ δέσις, τὸ δὲ λοιπὸν ἡ λύσις· λέγω δέ δέσιν μὲν εἶναι τὴν ἀπ' ἀρχῆς μέχρι τούτου τοῦ μέρους ὃ ἔσχατον ἐστιν, ἐξ οὗ μεταβαίνει εἰς εὐτυχίαν ἢ εἰς ἀτυχίαν, λύσιν δὲ τὴν ἀπὸ τῆς ἀρχῆς τῆς μεταβάσεως μέχρι τέλους.

Wenn wir einmal von der Frage absehen, warum Aristoteles in diesem Kapitel überhaupt mit einer neuen Nomenklatur und Systematik operiert[122], so fallen vor allem zwei Dinge ins Auge. Zum ersten der Begriff der Vorgeschichte (*ta exothen*, wörtlich »das Äußere«). Er fällt zuvor nur an einer Stelle im fünfzehnten Kapitel. Aristoteles fordert hier, daß, wenn eine tragische Handlung unlogische *(alogon)*, der

Wahrscheinlichkeit oder Notwendigkeit widersprechende Elemente enthalte, diese nach Möglichkeit außerhalb der Bühnenhandlung zu liegen hätten.[123] Ablesen läßt sich daran die nicht weiter überraschende Tendenz, das dargestellte Schicksal mit einem rationalen Prozeß zu identifizieren und alle konstitutiven irrationalen Momente – Aristoteles nennt den Eingriff eines Gottes, jedoch auch die etwas ungereimte Tatsache, daß Ödipus nicht weiß, wie König Laios umgekommen ist[124] – in die nicht dargestellte Vorgeschichte abzudrängen. Erstaunlich ist aber, daß der Begriff der Vorgeschichte *überhaupt* in Ansatz gebracht wird. Der zirkuläre Wechselbezug von *arche* und *teleute,* grundlegend für die Definition der abgeschlossenen Handlung im siebenten Kapitel, erschien ja als ein monadischer Zusammenhang, eine absolute Setzung im Fluß der Zeit, die jede wesentliche Beziehung zu dem, was vor dem Anfang und nach dem Ende der tragischen Handlung liegt, aufgekündigt hat. Eine Geschichte vor dem Anfang, die determinierend in das tragische Geschehen hineinwirkt, hat in dieser Konstruktion systematisch keinen Platz. Daß in den überlieferten Tragödien die Auseinandersetzung mit einer solchen Vorgeschichte eine bedeutende Rolle spielt, ist indes augenfällig genug; das *exothen* repräsentiert in der Aristotelischen Tragödientheorie für sich schon ein verdrängtes Moment der Sache.

Dieser Eindruck vertieft sich noch, wenn wir den zweiten Punkt genauer ins Auge fassen. Dies ist die Verwendung des *arche*-Begriffs. Im siebenten Kapitel erhielt er seine besondere Prägung ja dadurch, daß er als Setzung des Endes im Anfang erschien. Dieser Begriff des Anfangs als Ursprung wird nun an unserer Stelle eigenartig diffus. Auf der einen Seite haben wir hier die *arche tes metabaseos,* den »Anfang der Wende«. Weil die Tragödie aber insgesamt als Veränderung *(metaballein, metabasis)* vom Glück zum Unglück oder vom Unglück zum Glück beschrieben wird[125], ist unklar, ob die *arche* im achtzehnten Kapitel mit dem Anfang der auf der Bühne dargestellten Handlung koinzidiert oder auf einen späteren Zeitpunkt zu beziehen wäre.

Auf der anderen Seite findet sich die *arche* in der zweiten Definition der Verknüpfung, und zwar ohne jedes qualifizierende Beiwort. Was meint sie hier: den Anfang der Tragödie oder den Anfang der Vorgeschichte? Zumindest in einer Tragödie wie dem »König Ödipus«, in der der »Beginn der Wende« praktisch mit ihrem eigenen Anfang zusammenfällt, liegt es nahe, daß die *arche* in die Vorgeschichte zurückreicht. Wo aber hat die Vorgeschichte ihren Anfang? Viele Tragödien ziehen die ihnen eigentümliche Spannung gerade daraus, daß es schwer ist, einen definitiven Anfang zu finden. Je genauer man hinsieht, desto weiter weicht der Anfang der schicksalhaften Verflechtungen zurück. Ja, die Macht, die die Vorgeschichte über die Menschen ausübt, erweist sich gerade daran, daß der Ursprung in dem Moment, in dem sie seiner habhaft werden wollen, sich entzieht. Von dieser Unbehaftbarkeit des Schuldzusammenhangs legt der Text der »Poetik« kein direktes Zeugnis ab. Aber sie bekundet sich in der Unsicherheit darüber, wo der Anfang der tragischen Handlung anzusetzen sei: Fällt er immer mit dem Anfang des Bühnengeschehens zusammen? Oder gibt es einen Anfang vor dem Anfang? Wie verhalten sich diese Anfänge zueinander? Sind sie wesensmäßig identisch, so daß sich die Macht des Ursprungs in der Vorgeschichte rückwirkend fortsetzt: Macht *über* die Vorgeschichte als Macht *der* Vorgeschichte? – Oder unterscheiden sie sich sachlich voneinander? Wenn aber ja: steckt dann nicht im *mythos* die Möglichkeit einer Nichtidentität von *arche* und *telos*, eine Möglichkeit, auf die die Tragödien des fünften Jahrhunderts je und je die Probe zu machten versuchten? Es scheint eine Kehrseite des Schicksals zu geben. Gerade die Uneingrenzbarkeit der Vorgeschichte, mithin die Pluralität der *archai* könnte es erlauben, einzelne Determinanten zu akzentuieren, Ursprung gegen Ursprung auszuspielen. Die Unabgeschlossenheit der Vergangenheit teilt sich indirekt auch der Zukunft mit. Im Lichte eines Geschehens, das nicht durch den einen Ursprung ein für allemal gesetzt ist, vermag auch das *telos* der tragischen Handlung nicht nur als Rückkehr des Ursprungs in sich, sondern als neuer Anfang erscheinen. Es ist der Strom eines tragisch-geschichtlichen Denkens, der hier an den Dämmen der Aristotelischen Ontologie dort anbrandet, wo sie der Tradition ihre beanspruchteste, empfindlichste Stelle zuwenden: am Begriff eines Ursprungs, der als monistisches Absolutum das Neue, das sich aus ihm entwickeln könnte, als Schein aus sich ausschließt.

Anmerkungen

1   Arist. Poet. 1450 a 16. Den griechischen Text der »Poetik« zitiere ich nach
    der von Rudolf Kassel herausgegebene Oxford-Ausgabe. Die Übersetzungen
    basieren auf der von Manfred Fuhrmann (in: Aristoteles: Poetik.
    Griechisch / Deutsch, Stuttgart 1989), die jedoch an einzelnen Stellen modifiziert wurde.
    Zu den Texten und Übersetzungen anderer Texte von Aristoteles vgl. das
    Literaturverzeichnis.
2   Vgl. etwa Martin Heidegger: Die Zeit des Weltbildes, in: Holzwege, Frankfurt
    am Main 1950, 73–110. Heideggers Text bildet einen wichtigen Ausgangspunkt
    für die im folgenden vorgelegte Aristotelesinterpretation, weil er den Rahmen
    absteckt, in dem sich die *neuzeitliche* Aneignung der Aristotelischen »Poetik« im
    wesentlichen gehalten hat, und mit ihm die kategoriale Ordnung darstellt, von
    der man sich abstoßen muß, wenn man zu einem angemessenen Verständnis des
    aristotelischen Textes kommen will.
3   Vgl. etwa Arist. Phys. II 8.
4   Poet. 1447 a 2, 1462 b 13. Die eigentümlich doppelte, auf den ersten Blick etwas
    widersprüchliche Bezeichnung überhebt uns der Frage, ob innerhalb des von
    uns angenommenen Wesenszusammenhangs von Handlung und Wirkung ein
    Moment als vorgängig betrachtet werden könne. Offenbar ist es eine Frage der
    Perspektive, ob der seelische Vorgang der Wirkung als *dynamis* den Formprozeß
    der Tragödie als gegenständliche Realisierung mit sich bringt oder ob er das
    ergon, das heißt die *energeia* repräsentiert, worin jener Formprozeß sich (gesell-
    schaftlich) erfüllt. Handlung und Wirkung stehen pari passu, was vor allem
    gegen Kommerell einzuwenden ist, der aus der *dynamis*-Stelle eine Vorrang der
    Wirkung folgert. Vgl. Max Kommerell: Lessing und Aristoteles. Untersuchung
    über die Theorie der Tragödie, Frankfurt am Main [4]1970, 51ff.
5   Poet. 1449 b 24–28. Zur Ersetzung von »Jammer und Schaudern« durch »Furcht
    und Mitleid« siehe unten, Seite 44ff.
6   Die Untersuchung von Helmut Flashar (Die medizinischen Grundlagen der
    Lehre von der Wirkung der Dichtung in der griechischen Poetik, in: Matthias
    Luserke [Hg.]: Die Aristotelische Katharsis. Dokumente ihrer Deutung im 19.
    und 20. Jahrhundert, Hildesheim u.a., 1991, 289–325) stellt in dieser Hinsicht
    einen kuriosen Höhepunkt dar.
7   Poet. 1459 a 18–21.
8   Christoph Ziermann hat in einer bis jetzt leider ungedruckten Arbeit ausgehend
    von der soeben zitierten Stelle den »Physik«-Bezug der »Poetik« sehr eindrucks-

voll herausgearbeitet. Auch wenn die hier vorgetragene Argumentation von der Vorlage zum Teil abweicht, möchte ich betonen, daß die Initialzündung dieses ersten Teils auf die Überlegungen Ziermanns zurückgeht. Das von Ziermann dem Begriff des »Lebewesens« zugrundegelegte Prozeßmodell orientiert sich allerdings an der Vorstellung des Wachstums, nicht an der der Fortpflanzung. Dadurch bleibt der ontologische Übergriff von »Natur« auf »Kultur«, der Aristoteles zufolge den Inhalt des tragischen Geschehens bildet, nicht ganz einsichtig. Darin, daß Aristoteles das tragische Geschehen auf Immanenz festlegt, stimme ich Ziermann ganz und gar zu.

9 Poet. 1450 b 38.

10 Phys. 192 b 14

11 Martin Heidegger: Vom Wesen und Begriff der Φύσις, in: Wegmarken, Frankfurt am Main 1967, 252. Für die Zusammenhänge, in denen wir uns bewegen, halte ich Heideggers Text für grundlegend, auch wenn ich ihm in der Bewertung dieses Ursprungsbegriffs in keiner Weise zustimme. Vgl. Anm. 22.

12 Phys. 193 b 12f. Vgl. hierzu Heidegger: Vom Wesen und Begriff der Φύσις, 290.

13 Ebd., 294f.: »Στέρησις als Abwesung ist nicht einfach Abwesenheit, sondern Anwesung, diejenige nämlich, in der gerade die Abwesung – nicht etwas das Abwesende – anwest.«

14 Ziermann 5: »das eidos als der verfügende Anfang ist schon im Prozeßbeginn in ihm in der Weise wirksam, daß er allein bestimmt ist als der Mangel (steresis), das Noch-nicht-Sein des eidos.«

15 Phys. 193 b 189f.

16 Arist. Poet. 1450 b 27ff. Übersetzung teilweise von mir.

17 Phys. II 9. – Der Begriff der Wahrscheinlichkeit, also dessen, was ›in den meisten Fällen‹ passiert, scheint mir nicht etwas qualitativ anderes zu bedeuten, sondern eine statistisch abgeschwächte Gestalt der Notwendigkeit – dessen, was ›immer‹ passiert – darzustellen. Vgl. Phys. 196 b 10ff. Generell stiftet Aristoteles Zusammenhang zwischen den Seinsbereichen, indem er einen spekulativen Begriff ins Zentrum stellt und die von ihm untersuchten Phänomene nach maßen ihres Abstandes von diesem Zentrum systematisiert. Es ist eine Philosophie der quantitativen Differenzen und Übergänge. Die Wahrscheinlichkeit, mit der die Geschehenisse in sozialen Zusammenhängen allenfalls ablaufen, zeigt nicht an, daß hier ein anderer, offenerer Geschehenstypus in Rede steht, sondern höchstens ein »defizienter Modus« des strukturreineren Geschehenstypus der Notwendigkeit. In dem von Heidegger stammenden Begriff des defizienten Modus klingt ein stark ari-

stotelischer Impuls nach. Es ist der Aristotelismus von Heideggers Denken, der ihn zu unüberbotenen Einsichten in die Philosophie des Aristoteles befähigt hat.

18 Phys. 200 a 14f.

19 Vgl. Phys. II 3, bes. 194 b 23ff.

20 Es wird hier noch einmal klarer, was der Ausdruck *ex anankes* bedeutet. Ein Prozeß läuft dann mit Notwendigkeit ab, wenn die vier Ursachen reibungs- und störungsfrei ineinandergreifen: namentlich wenn der Stoff dazu geeignet ist, sich dem gesetzten Zweck widerstandslos unterzuordnen.

21 Phys. 198 a 24ff. Aristoteles nennt hier erläuternd den Fall »eines Menschen, der einen Menschen zeugt«.

22 Vgl. die wichtige Stelle Phys. 191 a 7ff., wo Aristoteles per analogiam den Begriff der πρώτη ὕλη, des schlechterdings ungeformten Prozeßmaterials, entwickelt (vgl. hierzu Hans Wagner: Kommentar, in: Aristoteles: Physikvorlesung, übersetzt und herausgegeben von Hans Wagner, Berlin ⁵1989, 435). Genau an diesem Punkt kann ich Heideggers Deutung des *physis*-Begriffs nicht mehr folgen. Heidegger sieht nicht die katastrophalen Implikationen, die der Aristotelische Gedankengang für das europäische Naturverhältnis gehabt hat; an *dieser* Stelle erscheint er als unreflektierter Apologet der Naturbeherrschung. Vgl. auch seine Auslegung des *dynamis*-Begriffs als »Eignung zu …«· (Vom Wesen und Begriff der Φύσις, 284).

23 Aristoteles verwendet einige Phantasie darauf, Prozesse zu finden, an denen sich Sphärenübergänge festmachen lassen könnten. Vgl. z.B. Phys. 199 b 30–32: »Wenn es also bei der *techne* das ›um etwas willen‹ gibt, dann auch in der Natur. Am deutlichsten wird das dann, wenn ein Arzt seine Heilkunst auf sich selbst anwendet: so ähnlich geht auch die Natur vor.« Die Materialursache ist der kranke und gesundende Körper; die Formursache die Idee der Gesundheit; die Wirkursache ist die Heilkunst; und die Zweckursache die Gesundheit als konkretes Ziel des Prozesses. Alle Ursache fallen in derselben Person zusammen, allerdings nicht notwendig (das ist der Unterschied zu den Naturdingen, vgl. 192 b 23–26), sondern *kata symbebekos*.

24 Phys. 194 a 35.

25 Phys. 199 a 9–15.

26 Phys. 199 a 15–17.

27 Vgl. Markus Edler: Mythische Tradition und philosophische Erkenntnis. Zur »Poetik« des Aristoteles, in: Achim Geisenhanslüke / Eckart Goebel (Hg.): Kritik der Tradition. Hella Tiedemann-Bartels zum 65. Geburtstag, Würzburg 2001, 22.

28 Poet., 1452 a 12ff. (Kap. 10 und 11). Die Bevorzugung der komplizierten Tragödie wird 1452 b 30ff. ausgesprochen.

29 Die Übersetzung von *metabole* ist schwierig. Das von Fuhrmann vorgeschlagene »Umschlag« erweckt leicht die Vorstellung, hier entstünde ein Neues. Gerade diesen platonischen Sinn des Begriffs (Parm. 156 c ff.) will Aristoteles aber durch den wiederholten Hinweis, daß die *metabole* aus Wahrscheinlichkeit oder Notwendigkeit zu erfolgen habe, entgegenwirken. Im übrigen bedeutet *metabole* in der »Physik« meist einfach Veränderung. Das Unvorhergesehene, an dem Aristoteles sich interessiert, ist gerade nicht das Neue. Als deutsches Äquivalent der *metabole* empfiehlt sich vielleicht am meisten der Terminus der Umwendung.

30 Poet. 1453 a 16. In der »Physik« (199 a 33ff.) bezeichnet der Begriff die Wahl des falschen Mittels, gleichgültig, ob es sich um Phänomene aus der Natur oder aus dem Bereich menschlicher Tätigkeit handelt. Aristoteles führt auf der einen Seite Rechtschreibfehler, auf der anderen Seite natürliche Mißbildungen an. In der Nikomachischen Ethik (1135 b 17ff.) wird ein *hamartema* strukturanalog als Schaden definiert, der »nicht« ohne Absicht, aber ohne bösen Willen entsteht«.

31 Alternativlos ist diese Deutung keineswegs. So sehe ich ab von Hölderlins Interpretation des Geschehens, der dem das Orakel »zu unendlich deutenden« Ödipus einen – entscheidenden – Handlungsspielraum zubilligt (Friedrich Hölderlin: Anmerkungen zum Oedipus, in: Sämtliche Werke, Stuttgarter Ausgabe, Band V, Stuttgart 1952, 197). Dieses Motiv verstärkt sich in gewisser Weise sogar, wenn man das durchaus widersprüchliche, zwischen Abwehr und Überanerkennung der Orakelmacht hin- und herzappelnde Verhalten des Protagonisten als Ausdruck einer *Krise der Apollonreligion* faßt: wohl das zentrale Thema des Stücks. Vgl. Klaus Heinrich: arbeiten mit ödipus. Begriff der Verdrängung in der Religionswissenschaft, Dahlemer Vorlesungen 3, Basel / Frankfurt am Main 1993. Nicht stehen sich ein Vertreter des Scheins und die Institution der Wahrheit gegenüber, sondern der Riß zwischen Schein und Wahrheit durchzieht sie beide. Deutlich zeigt das die Konfrontation zwischen Ödipus und Teiresias (Soph., Oid. tyr. 300ff.); die katastrophische Aufdeckung der Wahrheit hätte von beiden Seiten verhindert, eine »politischere«, weniger »apollinisch-philosophische« Lösung (der gegen das Apollonorakel aufbegehrte, endet als problematische Nachfolger- und Überbietungsfigur apollinischen Sehertums) gefunden werden können. Das meinte Hölderlin wohl mit dem Satz, daß Ödipus »gute bürgerliche Ordnung« hätte halten sollen (a.a.O., 197). Von dieser wirklichen Dialektik der Verhältnisse ist die Aristotelische Auslegung weit entfernt.

32 Ein zweites, von Aristoteles favorisiertes Stück ist die »Iphigenie« des Euripides. Als Drama der Anagnorisis hat auch diese Tragödie die Umwendung des Scheins in wahre Erkenntnis zum Thema. Nicht zufällig liegt der Handlung wie im Ödipus ein Orakel zugrunde.

33 Poet. 1449 a 16 (zur historischen Entwicklung der Tragödie), 1458 b 20 (zur Prosodie).

34 Ziermann 17.

35 Max Horkheimer / Theodor W. Adorno: Dialektik der Aufklärung. Philosophische Fragmente, in: Theodor W. Adorno: Gesammelte Schriften, Band 3, Frankfurt am Main 1997, 16.

36 Pohlenz: Furcht und Mitleid? Ein Nachwort (1956), in: Luserke, a.a.O., 351.

37 In der »Politik« (1341 b 38–40) verweist Aristoteles auf eine ausführliche Auseinandersetzung mit der Katharsisproblematik in der Schrift über die Dichtkunst. Da im erhaltenen Text der »Poetik« davon nicht die Rede ist, ist anzunehmen, daß die Erwägungen zu diesem Punkt zu den verlorengegangenen Teilen der Poetik gehören. Jacob Bernays' berühmte Abhandlung über die Poetik trägt geradewegs den Titel »Grundzüge der verlorenen Abhandlung des Aristoteles über Wirkung der Tragödie« (Breslau 1857, Nachdruck Hildesheim u.a. 1970. [Diese Ausgabe wird nach der Paginierung des Nachdrucks zitiert.])

38 Ich beziehe mich hier vor allem auf die folgenden Texte: Leon Golden: The Clarification Theory of Katharsis, in: Hermes 104 (1976), 437–452, zit. nach Luserke: Die Aristotelische Katharsis, 386–401; Alexander Nehamas: Pity and Fear in ihe *Rhetoric* and the *Poetics*, in: Amélie Oksenberg Rorty (Hg.): Essays in Aristotle's Poetics, Princeton 1992, 291–314; Richard Janko: From Catharsis to the Aristotelian Mean, in: Rorty, a.a.O., 341–358.

39 Natürlich gibt es in der unübersehbaren Literatur zum Thema Ausnahmen. Vgl. zum Beispiel Kurt v. Fritz: Antike und moderne Tragödie, Berlin 1962, XXVI; P. Laín Entralgo: The Therapy of the Word in Classical Antiquity, New Haven (Conn.) 1970, 235f. – Bei beiden Autoren wird jedoch ein Zusammenhang unterschiedlicher Bedeutungsaspekte in der tragischen Katharsis jedoch eher behauptet als durchgeführt.

40 Zu diesem Begriff des Systems siehe oben, Anmerkung 17.

41 Bernays 16.

42 Hesiod: Theogonie (gr.-dt., Sankt Augustin 1983), vv. 27ff., 98ff. An der ersten Stelle geben die Musen dem Hesiod den Wahrheitsanspruch des von ihnen Verlautbarten kund – »wir wissen viel Falsches zu sagen, dem Wirklichen Ähnliches, / wir wissen aber auch, wenn wir wollen, Wahres zu verkünden« –, an

der zweiten Stelle heißt es, daß sie Vergessen schenken und denjenigen, »der in frischem Leid unmutvoll stöhnt«, davon abzulenken verstehen.

43 Gotthold Ephraim Lessing: Hamburgische Dramaturgie, Stuttgart 1981, 397.

44 Johann Wolfgang Goethe: Nachlese zur Poetik des Aristoteles, in: Hamburger Ausgabe, München ⁷1988, Band XII, 345. In »Dichtung und Wahrheit« wendet sich Goethe gegen »das alte Vorurteil [...], daß das geistige Werk einen didaktischen Zweck haben müsse. Die wahre Darstellung aber hat keinen. Sie billigt nicht, sie tadelt nicht, sondern sie entwickelt die Gesinnungen und Handlungen in ihrer Folge, und dadurch erleuchtet und belehrt sie.« (Hamburger Ausgabe, IX 590)

45 Vgl. Leonhard Spengel: Ueber die ΚΑΘΑΡΣΙΣ ΤΩΝ ΠΑΘΗΜΑΤΩΝ, ein Beitrag zur Poetik des Aristoteles (1858), in: Luserke: Die Aristotelische Katharsis, 85.

46 Karlfried Gründer: Jacob Bernays und der Streit um die Katharsis, in: Luserke: Die Aristotelische Katharsis, 355.

47 Ebd., 372; zum folgenden vgl. 376ff.

48 Der einzige mir bekannte Hinweis auf dieses Moment findet sich bei Karl Groos (Das Spiel als Katharsis [1911], in: Luserke: Die Aristotelische Katharsis, 177); Bernays spricht an einer Stelle (30) in etwas anderem Zusammenhang von einer »phallischen Katharsis«. Einschlägiger ist hier wohl der Hinweis auf die kathartische Methode, mit der die Psychoanalyse ihren Anfang nahm: das *chimney-sweeping* Bertha von Pappenheims, deren der sexuellen Triebabfuhr nahestehender Charakter Freud und Breuer nicht verhehlten. Ob Freud, der mit einer Nichte von Jacob Bernays verheiratet war, dessen Schriften kannte, konnte bisher nicht ermittelt werden. Der erste Hinweis auf Freud und Breuer findet sich kurz nach dem Erscheinen der »Studien über Hysterie« bei Berger 139.

49 Bernays 39.

50 Wolfgang Schadewaldt: Furcht und Mitleid? Zur Deutung des Aristotelischen Tragödiensatzes (1955), in: Luserke: Die Aristotelische Katharsis, 271, 273, 279.

51 Pol. 1342 a 10: ὥσπερ.

52 Das καί in 1342 a 11 ist mutmaßlich explikativ zu verstehen.

53 Probl. phys. 864 a 23ff. Vgl. hierzu Flashar 319.

54 Franz Dirlmeier: ΚΑΘΑΡΣΙΣ ΠΑΘΗΜΑΤΩΝ, in: Luserke: Die Aristotelische Katharsis, 226, im Original gesperrt.

55 Pol. 1342 a 6.

56 Pol. 1342 a 16–18.

57 Pol. 1342 b 18–20.

58 Pol. 1342 b 22f.

59 Edler 20 bejaht diese Frage, Janko 346 und Jonathan Lear (Katharsis, in: Rorty, Essays on Aristotle's Poetics, 316) verneinen sie.

60 Poet. 1450 b 18–20, 1453 b 3ff., 1462 a 11ff. Die zuletzt angeführte Stelle verdient insofern Beachtung, als sich Aristoteles in diesem letzten erhaltenen Kapitel der »Poetik« der Frage widmet, ob die Tragödie vergleichen mit dem Epos die schlechtere Form der Mimesis sei, weil sie sich angeblich (1462 a 2 φάσιν) an ein breites und zum Teil vulgäres Publikum wende. Der Verweis darauf, daß »die Tragödie auch ohne bewegte Darstellung ihre Wirkung tut«, soll belegen, daß sie in diesem Punkt hinter dem Epos nicht zurücksteht – wie sie ihm aus anderen Gründen insgesamt überlegen ist.

61 Vgl. auch Roselyne Dupont-Roc / Jean Lallot: Kommentar, in: Aristote, La Poétique. Le texte grec avec une traduction et de notes de lecture par Roselyne Dupont-Roc et Jean Lallot, Paris 1980, 193.

62 Pol. 1341 b 38–40.

63 Phys. 225 a 12ff; 186 a 13f.; 191 a 7ff. Vgl. oben, Anm. 22.

64 So Flashar passim.

65 Unter Homologie sei hier und im folgenden eine Strukturähnlichkeit bei gleichzeitigem realkörperlichen Zusammenhang verstanden. Furcht und Mitleid lassen sich rein medizinisch beschreiben; dementsprechend hat jede »Reinigung«, die sich an ihnen vollzieht, auch einen somatischen Aspekt. Sie läßt sich allerdings ebensowenig auf diesen reduzieren wie die Phänomene von Furcht und Mitleid auf körperliche Sachverhalte. Eine »Analogie ψυχή – σῶμα«, die einzig vom *soma* her ausgelegt wird (Flashar 296), hat mit der Philosophie des Aristoteles wenig zu tun, sondern vor allem mit Positivismus.

66 Vgl. Platon Phaid. 61 a 3f. (Philosophie als die »größte Musik«); Tim 47 c ff. (Harmonie und Rhythmus als »Bundesgenossen gegen den in uns entstandenen ungeordneten Umlauf der Seele zum Zwecke seiner ordentlichen Einrichtung und Übereinstimmung mit sich selbst«); Tim. 80 b (Nachahmung göttlicher Harmonie).

67 Pol. 1337 b 28–30.

68 Poet. 1451 b 5ff.

69 Golden 393f.

70 Vgl. das Schema in: Burkhard Garbe: Die Komposition der aristotelischen »Poetik« und der Begriff der »Katharsis« (1980), in: Luserke: Die Aristotelische Katharsis, 413.

71 Es sei am Rande bemerkt, daß diese These, die ich im Ansatz für richtig halte, an Plausibilität noch gewinnen würde, wenn man sich endgültig entschlösse, an der Stelle, daß die Wesensbestimmung der Tragödie »aus dem zuvor Gesagten aufge-

nommen« werde (Poet. 1449 b 23f.), Bernays' Konjektur ἀναλαβόντες wieder zu tilgen und ἀπολαβόντες wieder in sein handschriftlich gut bezeugtes Recht einzusetzen. Denn ἀπολαμάνω heißt sowohl »wiederaufnehmen« als auch »beiseite legen«, und es ist wahrscheinlich, daß Aristoteles sich dieses Doppelsinns bedient, um die zweifache, das zuvor Gesagte sowohl zusammenfassende wie Neues ankündigende Perspektivik der Definition zum Ausdruck zu bringen. So argumentieren auch Dupont-Roc/Lallot 186.

72 Poet. 1449 b 12ff. Von jeher haben sich die Geister hier an der Frage geschieden, ob Aristoteles die Dauer der Aufführung oder die Dauer der dargestellten Handlung im Blick habe. Die Argumente, die Lucas (Aristotle: Poetics. Introduction, commentary and appendixes by D.W. Lucas, Oxford 1968, ad loc.) in seinem Kommentar zu Gunsten der zweiten Möglichkeit anführt, scheinen mir in die richtige Richtung zu weisen. Die Einheit, Ganzheit und Abgeschlossenheit der Handlung sollte sinnlich unterstützt werden. Als exakte oder unabdingbare Vorschrift mochte Aristoteles das aber nicht gelten lassen. Allemal befähigte ihn sein Denken aus objektiven ontologischen Strukturen zu einer gewissen Indifferenz gegenüber der realen Aufführungsdauer; diese soll lediglich die Zeit nicht überschreiten, in der jene Prozeßstrukturen sich »gut überschauen« und »gut erinnern« (εὐσύνοπτον, εὐμνημόνευτον) lassen. Vgl. Poet. 1450 b 34ff. In der realen Aufführungsdauer als der Zeit des Zuschauers hätte er aber für sich genommen keine für das Kunstwerk relevante Qualität erblickt. Die Debatten in der französischen Klassik um die »vraisemblance« und um die Konvenienz von dargestellter und realer Zeit, worin das cartesianische Subjekt, Raum und Zeit als Formen *subjektiver* Anschauung ihre Ansprüche anmelden, hätten ihn befremdet.

73 Sie gestellt zu haben, ist das Verdienst von Markus Edler. Seiner kategorischen Unterscheidung zwischen der Reaktionsweise der Philosophen und des gebildeten Publikums *(mathesis)* und des einfachen Zuschauers *(katharsis)* kann ich aus den erwähnten Gründen allerdings nicht beistimmen.

74 Poet. 1448 b 4–19.

75 Ich werde auf die wichtige Unterscheidung, die Aristoteles hier trifft, auf den Seiten 63ff. zurückkommen.

76 Zum Zusammenhang von *mathesis* und Freude an Nachahmungen vgl. auch Rhet. 1371 b 3ff.

77 Vgl. Anal. Pr. 24 b 18ff.

78 Rhet. I 4–14. Dazu Franz Sieveke: Anmerkungen, in: Aristoteles, Rhetorik, München 1980, 228–230.

79 Neben der ihn am meisten interessierenden syllogistischen Identifikation des Dargestellten erörtert Aristoteles außerdem, den Fall, in dem wir es nicht erken-

nen, aber »wegen der Ausführung oder der Farbe oder einer anderen derartigen Eigenschaft« Freude empfinden (Poet. 1448 b 16ff.). Dieses Argument, das allererst in die Richtung einer Ästhetik als Lehre vom Schönen wiese, verfolgt der Verfasser der »Poetik« aber nicht weiter. Vgl hierzu Dupont-Roc / Lallot ad. loc.

80 Aus diesem Grunde übersetzen die französischen Kommentatoren *mimesis* konsequent mit *représentation* (Dupont-Roc / Lallot 20). Ich würde dennoch an der Übersetzung »Nachahmung« festhalten. Denn gerade indem sich die ontologische Mimesis von der Erscheinung emanzipiert, wird sie in einem tieferen Sinne Nachahmung als die ontische: in dem Sinne nämlich, in dem die oben, Seite 21 zitierte Stelle Phys. 199 a 15–17 davon spricht, daß die *techne* die *physis* zugleich »nachahmt« und »vollendet«.

81 Schadewaldt, 248, 254, 259.

82 Pohlenz: Furcht und Mitleid?, 330 et passim.

83 Rhet. II 1.9; vgl. Nehamas 293ff.

84 Karl-Heinz Volkmann-Schluck: Die Lehre von der ΚΑΘΑΡΣΙΣ in der Poetik des Aristoteles (1952), in: Luserke: Die Aristotelische Katharsis, 243; auch Schadewaldt spricht am Ende seines Textes (287) von einer »Ur-Furcht«.

85 Eine denkwürdige Ausnahme bildet Hegel, der Lessing in diesem Punkt nicht fernsteht: »bei diesem Ausspruch des Aristoteles müssen wir uns deshalb nicht an die bloße Empfindung der Furcht und des Mitleidens halten, sondern an das Prinzip des *Inhalts*, dessen kunstgemäße Erscheinung diese Empfindungen reinigen soll.« (Georg Wilhelm Friedrich Hegel: Vorlesungen über die Ästhetik III, Werke 15, ed. Moldenhauer / Michel, Frankfurt am Main 1986, 525) Dieser ›Inhalt‹, der im und durchs Gefühl sich konstituiert, ist kein Partikulares, sondern ›Welt‹ als gesellschaftlich verbindlicher Zusammenhang; »sittliche Macht«, wie es bei Hegel heißt. Kritischer Bezugspunkt der nachidealistischen Auseinandersetzung mit Aristoteles bleibt allerdings Lessing.

86 Vgl. neben dem 74.–80. Stück der »Hamburgischen Dramaturgie« die Briefe vom 28. November und 18. Dezember 1756 an Friedrich Nicolai. An dieser Stelle möchte ich den Teilnehmern eines Seminars über die Rezeption der Aristotelischen »Poetik« (Technische Universität Chemnitz, Sommersemester 2001) für die Anregungen danken, die sich aus der Seminardiskussion ergeben haben. Sie haben mich vor allem gelehrt, wie kurz dieser ›Zenit‹ währte. Schon in der »Emilia Galotti« ist Lessings Position resignativer.

87 Zu neueren Ausprägungen dieser Tendenz vgl. meinen Text: Das Spiel mit der Wahrheit und die Verwaltung der Erfahrung. Überlegungen anläßlich einer neuen Autonomieästhetik, in: Musik & Ästhetik 21 (2002), 82–92.

88 Bernays 50.

89 Eth. Nic. 1115 a 11ff.

90 Pohlenz: Furcht und Mitleid?, 330.

91 Poet. 1453 a 5f.; Rhet. II 8.2.

92 Poet. 1452 a 4: παρὰ τὴν δόξαν. Es handelt sich bei dieser Stelle um ein Vorbegriff von Peripetie und Anagnorisis, deren Name noch nicht fällt, weil sie das definiens der komplizierten Tragödie darstellen, deren Begriff Aristoteles erst im folgenden, zehnten Kapitel einführt.

93 Poet. 1452 a 12ff.

94 Poet. 1451 b 23–25

95 Poet. 1451 a 13f.

96 Poet. 1454 a 4ff.

97 Poet. 1451 a 36 – b 32. Alle Zitate dieses und der nächsten zwei Absätze sind diesem Passus entnommen und werden nicht einzeln nachgewiesen.

98 Vgl. Ernst-Richard Schwinge: Aristoteles über Struktur und Sujet der Tragödie. Zum 9. Kapitel der Poetik, in: Rheinisches Museum 139 (1996), 119ff.

99 Die folgenden Zitate finden sich Poet. 1453 b 27 – 1454 a 9.

100 Als Beispiel führt er das Verhalten Haimons in der »Antigone« an, also die merkwürdige Tatsache, daß der Sohn des Kreon diejenige Figur ist, bei dem Vorsatz und Ausführung grundsätzlich auseinanderfallen (vgl. Soph. Ant. 762ff., 1231ff.) Es ist wohl kein Zufall, daß Hölderlin, den wir schon einmal (oben, Anm. 31) als Gewährsmann für die latente Thematisierung der Handlungsfreiheit im tragischen Verlauf in Anspruch nahmen, seine »Anmerkungen zum Oedipus« mit dem Verweis auf Haimon beschließt. Er steht für den Augenblick in der Tragödie, in dem die Zeit »sich kategorisch wendet, und Anfang und Ende« – *arche* und *telos* im Aristotelischen Verstande – »sich in ihr schlechterdings nicht reimen läßt« (202).

101 Goethe: Nachlese zur Aristotelischen Poetik 343; vgl. H. Otte: Neue Beiträge zu Aristotelischen Begriffsbestimmung der Tragödie, Berlin 1928, 10; Gerald F. Else: Aristotle's Poetics. The Argument, Cambridge (Mass.) 1957, 221–232, 436–444.

102 Ein kurzes Forschungsresümee: Neben der von Lessing vertretenen Position (vgl. außerdem Joseph Sellmair: Katharsis oder der Sinn der Tragödie, in: Luserke, Die Aristotelische Katharsis, 209, und, mit etlicher Abschwächung, Nehamas 303), zeichnen sich drei weitere Positionen ab, die in ihrer Abfolge den Gegenstand der Furcht immer weiter verschwimmen lassen. Die herrschende Meinung wird von der Ansicht vertreten, *phobos* sei die Furcht um und für den tragischen Helden. Schadewaldt tendiert dahin, die Furcht namens des »Schauderns« als unbestimmte Weltangst aufzufassen. Volkmann-Schluck über-

bietet das noch einmal, wenn er im Rückgriff auf den Angstbegriff in Heideggers »Was ist Metaphysik?« die Furcht zum Existential erklärt (vgl. das oben, Seite 45 angeführte Zitat). Lessings überragende Durchdringung der Materie zeigt sich auch darin, daß er *eleos* und *phobos* in einem gemeinsamen Affektgrund wurzeln läßt. Dieser wird bei ihm, mit dem Blick auf das in Szene zu setzende soziale Subjekt der »Hamburgischen Dramaturgie«, vom Mitleid abgedeckt. In einer etwas gewollten Wendung ist ihm die Furcht »das auf uns selbst bezogene Mitleid« (383). In der hier vorgeschlagenen Interpretation ist dagegen, im Einklang mit den Bestimmungen in der Aristotelischen »Rhetorik« (II 5.12), das den tragischen Affekten eigentlich Gemeinsame die Furcht.

103 Rhet. II 5.1

104 Poet. 1453 a 5.

105 Für den ganzen Zusammenhang ist das erste Buch der »Politik« die wichtigste Quelle. Vgl. besonders 1253 a 27ff.; dazu Olof Gigon: Einleitung in: Aristoteles: Politik. Übersetzt und herausgegeben von Olof Gigon, Zürich und München 1971, 13f.

106 G. Finsler: Platon und die Aristotelische Poetik, Leipzig, 1900, 80ff.; Max Pohlenz: Die Anfänge der griechischen Poetik, in: Neue Göttinger Gelehrte Anzeigen (1920), 170ff.

107 Vgl. Heinrich, 124ff. Nach Auffassung Heinrichs steht Perikles hinter der Figur des Ödipus.

108 Aus dieser Rekapitulation lasse ich die religiösen Impulse heraus, die in der athenischen Tragödie das Opfer des Helden kompensieren: die komplizierte Verschweißung von Heroenmythos und Dionysosmysterium, die der Tragödie institutionell zugrundeliegt. Vgl. hierzu: Karl Kerényi: Dionysos. Urbild des unzerstörbaren Lebens, München / Wien 1976, 250ff.

109 Zum folgenden vgl. Hermann Bengtson: Griechische Geschichte. Von den Anfängen bis zum Römischen Kaiserreich, München ⁸1994, 226ff.

110 Ebd., 260.

111 Vgl. Platon, Res. publ. X 7.

112 Pol. 1253 a 24f.: »Wer […] nicht in Gemeinschaft leben kann oder in seiner Autarkie ihrer nicht bedarf, der […] ist ein wildes Tier oder Gott.«

113 Eben das liegt im Sinn der Schadewaldtschen »Staatshygiene«, deren Problem weniger in der Angemessenheit des Begriffs an die Sache als in ihrer unkritischen Hinnahme liegt. Daß der Begriff Erinnerungen an die nationalsozialistischen des Volkskörpers und der Volkshygiene wachruft, kommt nicht von ungefähr. Von der Idee eines totalen Staates kann im antiken Griechenland vor dem Hintergrund der vielen einzelnen und miteinander verfehdeten Polis-

Gesellschaften nicht die Rede sein. In der Idee des Staates als organischem Natur- und Schicksalszusammenhang fand die nationalsozialistische Altphilologie dennoch einige Konvenienz, ganz im Gegensatz zur römischen Staatsidee, deren nicht naturwüchsiger Charakter den Wissenschaftlers im Dritten Reich weniger entgegenkam. Einen wichtiger Anstoß war damals Joachim Bannes: Hitlers Kampf und Platons Staat. Eine Studie über den ideologischen Aufbau der nationalsozialistischen Freiheitsbewegung, Leipzig 1933. Vgl. außerdem Beat Näf (Hg.): Antike und Altertumswissenschaft in der Zeit von Faschismus und Nationalsozialismus, Mandelbachtal 2001. Nun war Wolfgang Schadewaldt sicherlich kein Nazi reinsten Wassers; politisch und publizistisch war er – im Gegensatz zu anderen Mitgliedern seiner Zunft – eher zurückhaltend. Dennoch leidet es wenig Zweifel, daß in seinem Verhältnis zum Nationalsozialismus etwas Unreflektiertes hängengeblieben ist. Dieses Unreflektierte macht sich bereits in der welt-, gleich gesellschaftsfremden Affektphänomenologie von *eleos* und *phobos* geltend; im Begriff der Staatshygiene und in der Identifikation von Schicksal und Weltsinn, die die höchst merkwürdigen letzten Seiten von »Furcht und Mitleid?« mit zunehmend pathetischer Dringlichkeit charakterisiert, schlägt es dann durch.

114 Ein Organ dieser Diffusion ist unzweifelhaft der Chor, der zwischen den Protagonisten und den Zuschauern systematisch die Mitte hält. Er empfindet Mitleid mit den tragischen Helden, Furcht um sich, und zieht häufig genug daraus staatsfromme Sentenzen, die schon auf die Aristotelische Konzeption vorausweisen. – Ich muß zugeben, daß mich die hier vorgeschlagene Interpretation an dieser Stelle am wenigsten befriedigt. Gerade weil sich der Chor in vielen Tragödien der Aristotelischen Theorie so vortrefflich einfügt, bleibt es verwunderlich, daß er in der »Poetik« praktisch nicht erwähnt wird. Der Verweis auf verlorengegangene Teile wird hier tatsächlich zur Verlegenheitsauskunft.

115 Vgl. Rhet. I.1.11, I.2.8, II.24–35.

116 Poet. 1455 b 15 bezieht er sich bekanntlich auf kultische Reinigungsprozeduren.

117 Garbe 421f.

118 Vgl. oben, Seite 37f.

119 Poet. 1448 b 13–15. Der Schluß lautet: ἀλλ᾽ ἐπὶ βραχὺ κοινωοῦσιν αὐτοῦ. *Brachy* heißt »kurz«, *epi brachy* »kurze Zeit«. Fuhrmann, der die Wendung mit »wenig« wiedergibt, bringt den Text um die entscheidende Pointe.

120 Pol. Pol. 1342 b 22f.

121 Poet. 1455 b 25–29.

122 Etwas später tritt neben *desis* und *lysis* noch der »Knoten« (*ploke*) in Erscheinung. Vorher findet sich eine Unterteilung der Tragödie in vier Arten, die mit der

Argumentation der vorherigen Kapitel wenig zu tun zu haben scheint. Lediglich als Vermutung sei geäußert, daß Aristoteles in diesem Kapitel danach getrachtet haben könnte, die Terminologie und Systematik ihm vorliegender Schriften zur Tragödie seiner eigenen Konstruktion zu integrieren.

123 Poet. 1454 b 2ff.

124 Vgl. Poet. 1460 a 29f.

125 Poet. 1451 a 13–15, 1452 a 16.

Zitierte Literatur

Griechisch werden die Werke des Aristoteles nach den entsprechenden Ausgaben der Oxford University Press zitiert. Die Paginierung folgt Bekker. Die verwendeten Übersetzungen sind in dem folgenden Literaturverzeichnis enthalten.

Aristoteles: Poetik. Griechisch-deutsch, übersetzt von Manfred Fuhrmann, Stuttgart 1989.

—: Politik. Übersetzt und herausgegeben von Olof Gigon, Zürich und München 1971.

—: Rhetorik. Übersetzt, mit einer Bibliographie, Erläuterungen und einem Nachwort von Franz G. Sieveke, München 1980.

Bannes, Joachim: Hitlers Kampf und Platons Staat. Eine Studie über den ideologischen Aufbau der nationalsozialistischen Freiheitsbewegung, Leipzig 1933.

Berger, Alfred Freiher von: Wahrheit und Irrtum in der Katharsistheorie des Aristoteles (1897), in: Luserke, a.a.O., 128–156.

Bernays, Jacob: Grundzüge der verlorenen Abhandlung des Aristoteles über Wirkung der Tragödie (1857), Hildesheim u.a. 1970. Es wird nach der Paginierung dieses reprografischen Nachdrucks zitiert, nicht nach der Originalpaginierung.

Dirlmeier, Franz: ΚΑΘΑΡΣΙΣ ΠΑΘΗΜΑΤΩΝ, in: Luserke, a.a.O., 220–231.

Dupont-Roc/Lallot: Kommentar, in: Aristote, La Poétique. La texte grec avec une traduction et de notes de lecture par Roselyne Dupont-Roc et Jean Lallot, Paris 1980.

Edler, Markus: Mythische Tradition und philosophische Erkenntnis. Zur »Poetik« des Aristoteles, in: Achim Geisenhanslüke / Eckart Goebel (Hg.): Kritik der Tradition. Hella Tiedemann-Bartels zum 65. Geburtstag, Würzburg 2001, 15–30.

Else, Gerald F.: Aristotle's Poetics. The Argument, Cambridge (Mass.) 1957.

Ette, Wolfram: Das Spiel mit der Wahrheit und die Verwaltung der Erfahrung. Überlegungen anläßlich einer neuen Autonomieästhetik, in: Musik & Ästhetik 21 (2002), 82–92.

Finsler, G.: Platon und die Aristotelische Poetik, Leipzig, 1900.

Flashar, Hellmut: Die medizinischen Grundlagen der Lehre von der Wirkung der Dichtung in der griechischen Poetik (1956), in: Luserke, a.a.O., 289–325.

Fritz, Kurt von: Antike und moderne Tragödie, Berlin 1962.

Garbe, Burckhard: Die Komposition der aristotelischen »Poetik« und der Begriff der »Katharsis« (1980), in: Luserke, a.a.O., 402–422.

Gigon, Olof: Einleitung in: Aristoteles: Politik. Übersetzt und herausgegeben von Olof Gigon, Zürich und München 1971.

Goethe, Johann Wolfgang: Nachlese zur Poetik des Aristoteles, in: Hamburger Ausgabe, München ⁷1974, Band XII, 342–345.

—: Dichtung und Wahrheit, Hamburger Ausgabe, a.a.O., Band IX.

Golden, Leon: The Clarification Theory of Katharsis, in: Hermes 104 (1976), 437–452, zit. nach Luserke, a.a.O., 386–401.

Groos, Karl: Das Spiel als Katharsis (1911), in: Luserke, a.a.O., 173–187.

Gründer, Karlfried: Jacob Bernays und der Streit um die Katharsis, in: Luserke, a.a.O., 352–385.

Hegel, Georg Wilhelm Friedrich: Vorlesungen über die Ästhetik III, Werke 15, ed. Moldenhauer / Michel, Frankfurt am Main 1986.

Heidegger, Martin: Vom Wesen und Begriff der Φύσις, in: Wegmarken, Frankfurt am Main 1967, 237–300.

—: Die Zeit des Weltbildes, in: Holzwege, Frankfurt am Main 1950, 73–110.

Heinrich, Klaus: arbeiten mit ödipus. Begriff der Verdrängung in der Religionswissenschaft, Dahlemer Vorlesungen 3, Basel / Frankfurt am Main 1993

Hesiod, Theogonie, herausgegeben, übersetzt und erläutert von Karl Albert, griechisch-deutsche Ausgabe, Sankt Augustin 1983.

Hölderlin, Friedrich: Anmerkungen zum Oedipus, in: Sämtliche Werke, Stuttgarter Ausgabe, Band V, Stuttgart 1952.

Horkheimer, Max / Adorno, Theodor W.: Dialektik der Aufklärung. Philosophische Fragmente, in: Theodor W. Adorno, Gesammelte Schriften, Band 3, Frankfurt am Main 1997.

Janko, Richard: From Catharsis to the Aristotelian Mean, in: Rorty, a.a.O., 341–358.

Kerényi, Karl: Dionysos. Urbild des unzerstörbaren Lebens, München / Wien 1976.

Kommerell, Max: Lessing und Aristoteles. Untersuchung über die Theorie der Tragödie, Frankfurt am Main ⁴1970.

Laín Entralgo, P.: The Therapy of the Word in Classical Antiquity, New Haven (Conn.) 1970.

Lear, Jonathan: Katharsis, in: Rorty, a.a.O., 315–340.

Lessing, Gotthold Ephraim: Hamburgische Dramaturgie, Stuttgart 1981.

Lucas, D.W.: Aristotle, Poetics. Intruduction, commentary and appendixes by D.W. Lucas, Oxford 1968.

Luserke, Matthias (Hg.): Die Aristotelische Katharsis. Dokumente ihrer Deutung im 19. und 20. Jahrhundert, Hildesheim u.a., 1991.

Näf, Beat (Hg.): Antike und Altertumswissenschaft in der Zeit von Faschismus und

Nationalsozialismus. Kolloquium Universität Zürich, 14.–17. Oktober 1998, Mandelbachtal 2001.

Nehamas, Alexander: Pity and Fear in ihe *Rhetoric* and the *Poetics*, in: Amélie Oksenberg Rorty (Hg.), Essays in Aristotle's Poetics, Princeton 1992, 291–314.

Otte, H.: Neue Beiträge zu Aristotelischen Begriffsbestimmung der Tragödie, Berlin 1928.

Pohlenz, Max: Die Anfänge der griechischen Poetik, in: Neue Göttinger Gelehrte Anzeigen (1920), 170 ff.

—: Furcht und Mitleid? Ein Nachwort (1956), in: Luserke, a.a.O., 326–351.

Rorty, Amélie Oksenberg (Hg.): Essays on Aristotle's *Poetics*, Princeton 1992.

Schadewaldt, Wolfgang: Furcht und Mitleid? Zur Deutung des Aristotelischen Tragödiensatzes (1955), in: Luserke, a.a.O., 246–288.

Schwinge, Ernst-Richard: Aristoteles über Struktur und Sujet der Tragödie. Zum 9. Kapitel der Poetik, in: Rheinisches Museum 139 (1996), 111–126.

Sellmair, Joseph: Katharsis oder der Sinn der Tragödie (1938/39), in: Luserke, Die Aristotelische Katharsis, a.a.O., 209–219.

Sieveke, Franz G.: Anmerkungen in: Aristoteles, Rhetorik, München 1980, 226–303.

Spengel, Leonhard: Ueber die ΚΑΘΑΡΣΙΣ ΤΩΝ ΠΑΘΗΜΑΤΩΝ, ein Beitrag zur Poetik des Aristoteles (1858), in: Luserke, a.a.O., 80–127.

Teichmüller, Gustav: Aristotelische Forschungen, 2 Bände, Halle 1869.

Volkmann-Schluck, Karl-Heinz: Die Lehre von der ΚΑΘΑΡΣΙΣ in der Poetik des Aristoteles (1952), in: Luserke, a.a.O., 232–245.

Wagner, Hans: Kommentar, in: Aristoteles, Physikvorlesung, übersetzt und herausgegeben von Hans Wagner, Berlin ⁵1989.

Ziermann, Christoph: La transcendence du tragique. Sur la fonction de la crise tragique dans le théâtre de Jean Racine. Mémoire de D.E.A., Paris 1991, ungedruckt (deutsche Fassung des einleitenden Aristoteles-Kapitels).

Gustav-H. H. Falke

Mozart oder Über das Schöne

ca. 12/2003, Broschur, ca. 200 Seiten
ISBN 3–936872–00–7 ca. € 19,80

Die Grundlagen von Mozarts Komponieren
decken sich mit dem, was die klassizistische
Ästhetik des 18. Jahrhunderts als schön
bezeichnet. Und Mozarts kompositorische
Entwicklung wird überhaupt erst nachvoll-
ziehbar, wenn wir als ihr Ziel ansehen, was
wenig später in bewußtem Gegensatz zur
klassischen romantische Schönheit genannt wird. Obendrein gelingen Sándor
Végh von Bartók her Interpretationen, die vor die Frage stellen, ob es nicht bei
Mozart Anfänge einer weiteren, nämlich modernen Schönheit gibt.

Hier will ein Mozartliebhaber von seiner Leidenschaft sprechen. Er verbindet
damit jedoch methodische Ziele. *Musikwissenschaftlich* soll der Weg über
die zeitgenössische Ästhetik als Königsweg zum Verstehen musikalischer
Bedeutung vorgeführt werden. *Musikhistorisch* soll gegen die orthodoxe
Entwicklungslinie Beethoven–Wagner–Schönberg die alternative Linie
Mozart–Brahms–Bartók gesetzt werden. Und *ästhetisch* geht es darum, die
Philosophie aus ihren abstrakten Erörterungen von ästhetischem Vermögen
und ästhetischen Erfahrungen herauszuführen.

Lukas Verlag

für Kunst- und Geistesgeschichte
Kollwitzstraße 57
D–10405 Berlin

Tel.	+49 (30) 44049220
Fax	+49 (30) 4428177
E-Mail	lukas.verlag@t-online.de
Internet	http://www.lukasverlag.com